DEBATES CLÍNICOS

Blucher

DEBATES CLÍNICOS

Vol. 1

Organizadores

Sérgio Telles

Beatriz Teixeira Mendes Coroa

Paula Peron

Debates clínicos, vol. 1

© 2019 Sérgio Telles, Beatriz Teixeira Mendes Coroa, Paula Peron (organizadores)
Editora Edgard Blücher Ltda.

Imagem da capa: iStockphoto

Blucher

Rua Pedroso Alvarenga, 1245, 4º andar
04531-934 – São Paulo – SP – Brasil
Tel.: 55 11 3078-5366
contato@blucher.com.br
www.blucher.com.br

Segundo o Novo Acordo Ortográfico, conforme 5. ed. do *Vocabulário Ortográfico da Língua Portuguesa*, Academia Brasileira de Letras, março de 2009.

É proibida a reprodução total ou parcial por quaisquer meios sem autorização escrita da editora

Todos os direitos reservados pela Editora Edgard Blücher Ltda.

Dados Internacionais de Catalogação na Publicação (CIP)
Angélica Ilacqua CRB-8/7057

Debates clínicos : Volume 1 / organizado por Sérgio Telles, Beatriz Teixeira Mendes Coroa, Paula Peron. -- São Paulo : Blucher, 2019.
230 p.

Bibliografia
ISBN 978-85-212-1878-4 (impresso)
ISBN 978-85-212-1879-1 (e-book)

1. Psicanálise 2. Psicanálise - Estudo de casos I. Telles, Sérgio. II. Coroa, Beatriz Teixeira Mendes. III. Peron, Paula.

19-2056   CDD 150.195

Índice para catálogo sistemático:
    1.   Psicanálise – Estudo de casos

Conteúdo

Apresentação   7
Sérgio Telles

Caso 1: O boneco assassino   19
Sérgio Telles, Carlos Guillermo Bigliani, Elias Mallet da Rocha Barros e Elizabeth Lima da Rocha Barros

Caso 2: O Caso R.   53
Mario Eduardo da Costa Pereira, Alcimar Alves de Souza Lima e Marion Minerbo

Caso 3: O Caso Antônio   91
David Léo Levisky, Christian Dunker e Flávio Carvalho Ferraz

Caso 4: O Caso Luciano 133
Luiz Carlos Uchôa Junqueira Filho, Luís Claudio Figueiredo e Silvia Leonor Alonso

Caso 5: O homem que ia ao bairro escuro 159
Rodolfo Moguillansky, Bernardo Tanis e Isabel Mainetti de Vilutis

Caso 6: O guardião de enigmas 193
Paulo de Carvalho Ribeiro, Miguel Calmon du Pin e Almeida e Lucía Barbero Fuks

Sobre os autores 221

Apresentação

Sérgio Telles

Todos nós, psicanalistas, estamos cientes da importância da apresentação dos casos clínicos como instrumento de aprendizado e transmissão da psicanálise, bem como dos problemas que lhes são inerentes, centrados basicamente em dois pontos.

O primeiro diz respeito à dificuldade em reproduzir a complexidade polifônica de uma sessão analítica. O que é apresentado como "material clínico" é apenas um pálido recorte organizado *a posteriori* do que ocorreu entre analista e analisando, algo inefável que se dá em espaço e temporalidade únicos e cuja forma de captação se afasta por completo de todos os padrões exigidos pelos chamados métodos científicos – fato sempre levantado pelos que questionam o estatuto científico da própria psicanálise. Além disso, como mostra Spence (1997, pp. 77-95), descartado o uso de máquinas para o registro de uma sessão (gravação de som e imagem, por exemplo), todo o material clínico depende da memória do analista, o que é bastante problemático, pois bem sabemos quão frágil e pouco confiável é a memória, permanentemente assaltada por elementos conscientes e inconscientes a lhe falsificarem a fidedignidade. É ainda Spence quem salienta que o material clínico se atém ao registro do que o analista entendeu daquilo que o paciente falou e que ele lhe devolveu como interpretação ou construção, deixando de lado a entonação, a forma, o ritmo, o *timing* com que o fez.

O segundo ponto se prende ao impasse entre a confidencialidade – pois tudo que nos é contado pelo paciente pressupõe que sobre ele manteremos sigilo – e a necessidade de tornar público esse segredo, no intuito de ampliar e divulgar o saber psicanalítico. Temos um compromisso ético com o paciente que tratamos, bem como com o desenvolvimento de nosso saber, como lembrava Freud:

> *É certo que os pacientes nunca teriam falado se lhes tivesse ocorrido que suas revelações poderiam possivelmente ser utilizadas cientificamente; e é igualmente exato que pedir-lhes autorização para publicar seria totalmente inútil. Em tais circunstâncias, as pessoas delicadas, da mesma forma que as meramente tímidas, insistiriam no dever do sigilo médico e declarariam com pesar que nenhum esclarecimento poderiam oferecer sobre a matéria à ciência. Mas, na minha opinião, o médico assume deveres não só ao paciente individual, mas também em relação à ciência; e seus deveres significam, em última análise, nada mais que seus deveres para com os inúmeros outros pacientes que sofrem ou sofrerão um dia do mesmo mal (Freud, 1905/1972, vol. 7, p. 6).*

Mesmo com esse potente argumento em prol da publicação de casos clínicos, essa é uma questão delicada que gera muitos conflitos para o psicanalista. Britton (1997, pp. 11-29) aponta para fantasias inconscientes de traição que o atacam ao relatar um caso, por lhe evocar a traição edipiana com a introdução de um terceiro (o outro, o público) no encontro sigiloso de dois. Contra essa angústia se erguem mecanismos maníacos de negação ou paralisias difíceis de vencer. Britton lembra o caso de Darwin, que só a muito custo e delonga conseguiu publicar sua teoria da evolução das espécies, por temer as reações que ela provocaria. Borossa (1997, pp. 45-64) ilustra esse dilema irredutível do analista fazendo uma analogia de seu trabalho com o do historiador: imaginemos um historiador que faz longas e demoradas pesquisas que o levam a descobertas importantes, mas ele não pode comunicá-las à comunidade científica nem ao público por estar preso a um compromisso de manter sigilo sobre tais descobertas.

Essas grandes dificuldades não nos devem surpreender. A apresentação e a publicação de casos clínicos é apenas um dos aspectos dessa profissão "impossível", como nos alertou Freud.

Muito tem sido escrito sobre o assunto. Penso que os textos de Gabbard (2000, pp. 1071-1086) e Tuckett (2000, pp. 1065-1069) são canônicos, na medida em que abordam de forma realística e objetiva todos os aspectos atuais da questão, oferecendo algumas indicações de como lidar com os muitos e inevitáveis empecilhos que ocorrem na apresentação de um caso clínico.

Gabbard inicia seu artigo expondo as exigências centrais do International Committee of Medical Journal Editors (ICMJE) em relação à publicação de casos clínicos na medicina: a) o paciente deve consentir com a publicação de seu caso; b) a identidade do paciente deve ser preservada por meio de diversos recursos e manobras, mas nenhum dado pode ser deliberadamente adulterado para esse fim. Gabbard logo ressalta como a especificidade do material clínico psicanalítico não se adapta a essas exigências. É impossível apresentá-lo sem adulterações de inúmeros dados para garantir o anonimato do paciente. A esse propósito, é pertinente lembrar uma curiosa observação de Freud, que, sem questionar a absoluta necessidade de proteger a identidade e privacidade do paciente nos relatos clínicos, mostra suas dificuldades e paradoxos:

> *vim progressivamente a encarar as distorções de que comumente se lança mão em tais circunstâncias como inúteis e passíveis de objeção. Sendo insignificantes, essas distorções pecam em seu objetivo de proteger o paciente contra a indiscreta curiosidade; ao passo que, se vão mais além, requerem um sacrifício muitíssimo grande, de vez que destroem a inteligibilidade do material, a qual depende, por sua coerência, precisamente dos pequenos detalhes da vida real. E, a partir dessa última circunstância, provém a verdade paradoxal de que é muito mais fácil divulgar os segredos mais íntimos do paciente do que os fatos mais inocentes e triviais a respeito dele; enquanto os primeiros não esclareceriam sua identidade, os outros, pelos quais ele é geralmente reconhecido, torná-la-iam óbvia a qualquer um (Freud, 1909/s.d., pp. 159-160).*

Gabbard propõe cinco formas de preservar a privacidade do paciente no material clínico: a) o clássico disfarce de dados do material; b) ter o consentimento do paciente; c) o uso do enfoque processual (nessa modalidade, não se aborda a história do paciente, centrando-se o relato exclusivamente na dinâmica estabelecida entre paciente e analista; esse tipo de apresentação é mais pobre e restringe a compreensão do caso); d) a formação de figuras e situações compostas com a história e sintomatologia de vários pacientes; tal formatação teria fins exclusivamente didáticos, uma forma de ilustrar a teoria com exemplos hipotéticos; e e) o analista cede o material clínico para um colega, que se responsabiliza pela publicação; dessa maneira se dificulta, ou mesmo impossibilita, a identificação da dupla analista-paciente.

Embora seja frequente pensar que a publicação de caso clínico envolva necessariamente a autorização do paciente, o próprio Freud afirmou que isso é "totalmente inútil", como vimos há pouco. De fato, Gabbard mostra que é um equívoco supervalorizar essa medida, pois a anuência ou discordância do paciente ao pedido do analista decorrem da transferência positiva ou negativa em ação naquele momento, a qual não é estável, podendo oscilar ou alternar em função das circunstâncias, sendo a própria solicitação do analista uma delas. Ou seja, o paciente pode não se sentir suficientemente forte para se opor ao desejo do analista e se submeter a ele cheio de rancor, pode se arrepender em seguida, pode não gostar quando ler a publicação etc. Alguns autores mostraram que a própria solicitação ao paciente pode desencadear grandes problemas.

A conclusão de Gabbard é simples. Os casos clínicos são indispensáveis e não há fórmula ideal a ser seguida para apresentá-los. Cada situação deve ser examinada singularmente.

Consultado ou não em relação à publicação, o paciente pode, em algum momento, confrontar o analista a esse respeito. O analista deve estar seguro de ter agido eticamente, na medida em que ao publicar o caso tomou todas as providências possíveis para proteger a identidade do paciente por meio dos métodos citados e de tê-lo feito, como disse Freud, por seu compromisso ético-científico visando ao progresso e à ampliação do saber psicanalítico.

O analista deve lembrar que o paciente, ao eventualmente se deparar com um texto baseado em seu caso, não vai encontrar nenhuma novidade. Supostamente tudo ali, por ter sido trabalhado em análise, é de seu conhecimento. Mas há, sim, um complicador, pois o material clínico pode mostrar muito da contratransferência do analista. Fundamental instrumento para a apreensão do material do paciente, a contratransferência nunca é explicitada diretamente para ele. Esses dados devem ser manejados com muito cuidado no texto, visando não causar efeitos danosos ao paciente. Há muitos relatos de como os pacientes se ressentiram com a publicação de seus casos. Gabbard dá como exemplo o ocorrido com o escritor Phillip Roth, que se deparou com uma revista no consultório de seu analista e, ao lê-la, percebeu que era seu próprio caso. Em vingança, escreveu o romance *My life as a man* (1974). É um episódio paradigmático, que se abre a muitas leituras e interpretações.

Mais recentemente, em 01/11/2018, a International Psychoanalytic Association lançou o *Relatório de sigilo da IPA*, que traz importantes diretrizes e sugestões para a publicação de casos clínicos, embora abranja outros aspectos.[1] Entre eles, a importante discriminação entre os aspectos propriamente psicanalíticos, ligados à ética e às implicações transferenciais e contratransferenciais no manejo do material clínico, tal como abordamos anteriormente, e as implicações legais e jurídicas da quebra do sigilo profissional. Embora a jurisprudência esteja mais estruturada em relação a outras clínicas, como a médica, o mesmo não ocorre em relação à psicanalítica, variando largamente de país para país. Aqui no Brasil, não temos ainda normas estabelecidas.

---

1 IPA. *Report of the IPA Confidentiality Committee*. 2018. Recuperado de https://www.ipa.world/IPA_DOCS/bversionfinalconfidentilaityreport.pdf.

Comparada com a abundante produção de trabalhos teóricos, aquela voltada para a clínica se revela bem mais modesta. Penso que isso decorre não apenas das duas grandes dificuldades ligadas à inefabilidade do material e sua confidencialidade. Seria o predomínio dos trabalhos teóricos uma defesa, uma intelectualização, uma forma de ocultar as dificuldades próprias da clínica? Os casos clínicos expõem não apenas o paciente, mas o próprio analista. Habitualmente protegido no consultório, não lhe é fácil mostrar seu trabalho e se submeter à crítica de colegas e do público em geral. Em "Trinta maneiras de destruir a criatividade dos candidatos à formação psicanalítica", Kernberg (2000) diz que, nas instituições psicanalíticas, os analistas detentores do poder, nomeadamente os didatas, nunca expõem seus casos clínicos. São os candidatos e analistas jovens submetidos às supervisões que são obrigados a fazê-lo:

> *Sempre peça aos candidatos menos experientes para apresentar casos aos candidatos mais experientes ou a membros do corpo docente. Jamais um analista mais experiente deverá apresentar casos a um grupo de aspirantes: as incertezas do trabalho e os inevitáveis erros que mesmo os analistas experientes cometem apagarão o sentimento de autocrítica, o medo de reprimendas e a modéstia natural dos candidatos que estão dando os primeiros passos em seu trabalho. A convicção de que os membros efetivos fazem um trabalho muito melhor que os candidatos, de que os analistas didatas trabalham melhor que os membros efetivos e de que os didatas mais velhos trabalham muito melhor que os mais jovens sustenta a insegurança do candidato (p. 240).*

Assim, o ocultamento da clínica se prende também a questões políticas institucionais, à gestão do poder e do narcisismo –

elementos reconhecidamente decisivos na dinâmica das instituições, mas nunca adequadamente trabalhados.

Inspirado pela seção "The analyst at work", do *International Journal of Psychoanalysis* da International Psychoanalytical Association (IPA),[2] propus ao Conselho Editorial da *Percurso*, revista do Departamento de Psicanálise do Instituto Sedes Sapientiae, do qual sou membro, a criação de uma seção semelhante, centrada na apresentação de casos clínicos. A proposta foi aceita e constituiu-se uma comissão editorial que se responsabilizaria pela nova seção da revista, denominada "Debates clínicos". Dela fazem parte Beatriz Teixeira Mendes Coroa, Paula Peron e eu.

Assim como no modelo que nos inspirava, a ideia era convidar três analistas, sempre que possível de instituições e linhas teóricas diferentes: um deles apresentaria o caso e os dois outros o comentariam. Apresentador e comentadores só saberiam as identidades uns dos outros no final do processo. Com isso procurávamos afastar impedimentos transferenciais que surgiriam caso se soubesse de antemão quem apresentaria o caso e quem o comentaria, ao mesmo tempo que se impunha uma neutralidade cortês no tratamento entre os participantes. Visávamos criar um espaço de pensar psicanaliticamente não restringido por lealdades e transferências institucionais ou teóricas.

Pareceu-me mais fácil solicitar as contribuições de colegas a partir de algo concreto, já realizado, em que pudessem ver explicitamente no que consistia nossa proposta. A forma mais simples de fazê-lo era eu mesmo apresentar um caso e convidar dois amigos para comentá-lo. Assim, apenas nesse grupo que realizou o

---

2 Elias Mallet da Rocha Barros, que foi editor do *International Journal of Psychoanalysis* na ocasião do lançamento daquela seção, aborda o tema mais adiante.

debate clínico inaugural, e por isso mesmo, os participantes se conheciam desde o início. Daí em diante vigorou o procedimento de não ser a identidade dos participantes partilhada, a não ser no final.

Para nossa surpresa e satisfação, contamos com grande receptividade por parte dos colegas convidados. Agradecemos mais uma vez a todos os participantes pela admirável disposição e coragem de saírem de suas zonas de conforto e exporem sua forma de trabalhar, evidenciada tanto na função de apresentador como na de comentador.

O que seria o "material clínico" a ser solicitado ao apresentador? Essa é uma velha questão. É sabido que Freud ficava um tanto constrangido ao se dar conta de que seus casos clínicos não pareciam suficientemente "científicos", mais lembravam contos, romances... No nosso caso, pediríamos uma sessão, um fragmento de sessão, a descrição de um caso inteiro, uma história clínica? No modelo do *International Journal* o material clínico solicitado é uma ou duas sessões descritas da forma mais completa possível. E foi esse o modelo que segui, como primeiro apresentador. Mas logo percebemos que talvez fosse mais interessante deixar a critério de cada apresentador a forma como organizaria seu material. Nossa única determinação é que ele fosse suficientemente aberto para possibilitar uma reflexão psicanalítica. De fato, como verão, é grande a diversidade do material clínico enviado, vai desde sessões completas a fragmentos, primeiras entrevistas, recortes, história etc.

Criamos alguns poucos protocolos, como o envio dos textos de Gabbard e Tuckett para os apresentadores, enfatizando os cuidados referentes à confidencialidade. Instruímos que o material e os comentários deviam se ater à clínica, os fundamentos teóricos deviam deles se depreender, e não o contrário, o que não foi seguido de forma estrita. Os primeiros debates são mais extensos, os mais recentes, mais curtos por questões de espaço na revista. No momento ficou estabelecido que os apresentadores podem se estender até 25 mil caracteres com espaço, e os comentadores, até 12.500.

Nosso trabalho editorial consistiu em, quando necessário, ajudar na elaboração dos textos, procurando deixar mais claras para os leitores as ideias dos autores, respeitando-lhes o estilo literário e teórico. Algumas vezes foi necessário pedir aos apresentadores para focar mais o texto na dimensão clínica, deixando de lado uma abordagem teórica excessiva e eventualmente resistencial. Achamos interessante manter nos textos os depoimentos dos participantes sobre como viam suas próprias participações no debate, as críticas e observações sobre o dispositivo criado pela revista, as estranhezas frente às semelhanças e diferenças entre o comentário de um texto clínico e a supervisão, as questões da transferência com o texto. Constatamos que o lugar de apresentador do caso tende a ser visto como o que leva a uma maior exposição, o que suscita uma certa relutância em ocupá-lo. Pensamos que ambos, apresentador e comentadores, corajosamente se expõem ao mostrar suas formas de pensar e praticar a psicanálise, pelo que lhes somos gratos.

Moguilansky foi o primeiro a dar um título a seu caso. Outros seguiram seu exemplo e, quando não o faziam, a editoria providenciava. Optamos por não fazer uma revisão convencional dos textos. Deixamos que persistissem algumas incongruências e fraturas que nos pareciam dar testemunha da emergência da contratransferência do autor. Achamos importante que os textos transmitissem a "perturbação que o paciente nos causa", como disse Canelas em seu comentário. Esperávamos que os comentadores dessem conta dessas peculiaridades, como de fato ocorreu com vários dos textos.

Esperamos que este livro seja útil para iniciantes e veteranos empenhados nas tarefas da formação contínua exigida por nossa profissão. Por sua riqueza, tanto as apresentações como os comentários, por evidenciarem diferentes ângulos e vertentes interpretativas, levantam muitas questões a serem exploradas pelos interessados. Pensamos que o livro seja uma boa mostra de como a psicanálise é pensada e praticada nos dias de hoje em nossas plagas.

Referências

Borossa, J. (1997). Case histories and the institutionalization of psychoanalysis. In I. Ward (ed.), *The presentation of case material in clinical discourse* (pp. 45-64). London: Freud Museum Publications.

Britton, R. (1997). Making the private public. In I. Ward (ed.), *The presentation of case material in clinical discourse* (pp. 11-29). London: Freud Museum Publications.

Freud, S. (1972). Fragmentos da análise de um caso de histeria (Caso Dora). In S. Freud, *Edição Standard Brasileira das Obras Psicológicas Completas de Sigmund Freud* (Vol. 7, p. 6). Rio de Janeiro: Imago. (Trabalho original publicado em 1905)

Freud, S. (s.d.). Notas sobre um caso de neurose obsessiva (O homem dos ratos). In S. Freud, *Edição Standard Brasileira das Obras Psicológicas Completas de Sigmund Freud* (Vol. 10, pp. 159-160). Rio de Janeiro: Imago. (Trabalho original publicado em 1909)

Gabbard, G. O. (2000). Disguise or consent. Problems and recommendations concerning the publication and presentation of clinical material. *International Journal of Psychoanalysis,* 81(6), pp. 1071-1086.

Kernberg, O. (2000). Trinta maneiras de destruir a criatividade dos candidatos à formação psicanalítica. In O. Kernberg, *Ideologia, conflito e liderança em grupos e organizações* (pp. 235-249). Porto Alegre: Artmed.

Spense, D. P. (1997). Case report and the reality they represent: the many faces of Nachträglichkeit. In I. Ward (ed.), *The presentation of case material in clinical discourse* (pp. 77-95). London: Freud Museum Publications.

Tuckett, D. (2000). Reporting clinical events in the journal: toward the construction of a special case. *International Journal of Psychoanalysis,* 81(6), pp. 1065-1069.

Caso 1: O boneco assassino[1]

Apresentador – Sérgio Telles

Comentadores – Carlos Guillermo Bigliani, Elias Mallet da Rocha Barros e Elizabeth Lima da Rocha Barros

Apresentação de Sérgio Telles

Sobre os antecedentes da paciente, a quem chamarei Marina, restringi-me a dados essenciais para que o leitor possa entender de onde me autorizo a fazer minhas intervenções.

Marina é uma mulher de mais de 50 anos e que está há algum tempo em análise. A queixa inicial era a interminável guerra conjugal com o marido devido a uma atitude "feminista" que mantinha em casa, exigindo dele uma absoluta equivalência frente aos encargos domésticos, que não levava em conta seus compromissos como profissional liberal. Mantinha essa postura militante em seu trabalho como advogada, o que lhe gerava não

---

[1] Publicado em *Percurso*, 48, jun. 2012.

poucos contratempos. Marina julga-se uma mulher independente e preza muito essa sua condição. Sua infância foi fortemente marcada pela irresponsabilidade do pai, que abandonou a família, deixando-a numa situação financeira muito precária, e pela preferência que a mãe sempre manifestou pelo irmão mais velho. Tais circunstâncias fizeram-na sair de casa muito cedo, por volta dos 20 anos. Passou a manter com seu próprio trabalho o estilo *hippie* de vida que adotou. Na faculdade conheceu Luis, com quem se casou há quase trinta anos e com quem teve um casal de filhos. Apesar de muito qualificada e bem posicionada em sua carreira, Marina não tem uma boa remuneração. A alta qualidade de vida que a família mantém é fruto basicamente dos rendimentos do marido, de longe o maior responsável pelo orçamento familiar. No momento, Marina vem à análise uma vez por semana.

Na sessão que passo a relatar, Marina chega e logo diz que havia descoberto, naquele dia mesmo, que Luis estava tendo um caso com uma menina de 20 anos. Estava ela arrumando a casa quando, por acaso, encontrou em cima de uma estante uma caixa de fósforos de propaganda de um motel. Tal descoberta imediatamente a fez lembrar-se que no mês anterior havia visto o débito de um motel na conta do cartão de crédito que usa junto com Luis.

Até este instante estou escutando em silêncio o que Marina diz e registro que ela não havia me falado, como seria de se esperar, sobre a conta do motel, fato ocorrido – como ela acaba de dizer – há mais de um mês.

Ela prossegue, dizendo que mostrou a Luis a caixa de fósforos junto com a nota do cartão de crédito com a conta do motel, perguntando-lhe o que aquilo significava. Atrapalhado, ele respondeu que a conta do motel era da última vez que ali haviam estado juntos. Como havia muito tempo, seguramente anos, que os dois não iam a um motel, a resposta de Luis era um contrassenso, uma evidente mentira. Marina ficou tão desconcertada com isso que resolveu não insistir mais no assunto naquele momento. Mas, como ficara ainda mais desconfiada, quando Luis saiu para o trabalho, foi vasculhar o computador dele, fazendo uma descoberta que a deixou ainda mais surpreendida – encontrou uma troca de e-mails amorosos entre ele e uma mulher.

À noite, ao confrontar Luis com essa troca de correspondência, ele confessou que conhecera num congresso uma jovem recepcionista gaúcha, cuja inteligência muito o impressionara. Fizeram amizade e ele logo ficou conhecendo a precária situação financeira em que ela e sua família viviam, o que a impedia de continuar os estudos numa faculdade particular. Penalizado, dispusera-se a pagar seus estudos e a ajudar nas despesas de sua família, o que a moça aceitara. Luis disse ainda que não tinha tido nenhum envolvimento sexual com ela, que estava agindo desinteressadamente.

A história toda era inacreditável, e Marina se mostra completamente confusa, angustiada, raivosa, sem saber o que fazer. Não sabe se deve romper ou não o casamento.

Com exceção de uma ou outra pergunta para entender melhor seu relato, eu escutara Marina em silêncio, percebendo sua angústia e tristeza. Digo-lhe que é compreensível que esteja confusa, ferida e magoada, sem saber o que fazer. E se não sabia o que fazer, talvez melhor fosse não fazer nada até poder pensar com mais calma sobre a situação. Com essa intervenção, meu objetivo era mostrar-lhe que estava atento a seu sofrimento, bem como oferecer-lhe alguma contenção, pois, contratransferencialmente, temia que ela pudesse agir de forma intempestiva, complicando ainda mais a situação com uma possível atuação de sua parte. Vendo sua angústia, ofereço-lhe uma sessão extra no dia seguinte, o que ela aceita.

No final da sessão, procurei reconstruir a cronologia dos fatos, expostos de forma um tanto desorganizada por Marina. Entendi que cerca de um mês antes ela vira a conta do motel e nada falara – nem para o marido nem para mim, o que entendi como uma expressão maciça de negação, possivelmente decorrente do susto provocado por sua descoberta e pelo temor das consequências que ela poderia desencadear, caso confrontasse o marido com o fato. No dia anterior ao desta sessão, encontrara a caixa de fósforos de propaganda do motel e esse inesperado achado rompera com a negação, trazendo de volta a lembrança da conta do cartão de crédito e forçando-a a conversar sobre tudo isso com o marido. Ao abordá-lo e receber sua descabida resposta, Marina recua, pois percebe o desconcerto do marido e teme que a situação piore caso prossiga a conversa. Mais desconfiada ainda, vai mexer no computador de Luis, encontrando os e-mails comprometedores, que a levam a confrontá-lo mais uma vez. Impossibilitado de negar os fatos frente às evidências, Luis cria uma história inverossímil – a de que tinha ficado com pena de uma pobre gaúcha que encontrara num congresso, a quem resolvera ajudar nos estudos e nas despesas de sua família. Penso que Marina luta entre enfrentar a realidade ou continuar negando, aceitando as explicações desconjuntadas do marido.

Na sessão do dia seguinte, Marina diz que tentara falar com Luis novamente sobre o assunto, mas ele se recusara, acusando-a de invadir sua privacidade ao vasculhar seu computador, quando encontrou os e-mails comprometedores. Ela retruca dizendo que ele quebrara o contrato de confiança que havia entre eles. Mais tarde, Luis ligou-lhe do trabalho para saber como ela estava. Alegando que havia feito uma gentileza ao ligar, acusou-a de não se importar com ele, pois, como havia luxado o pé três semanas antes, esperava que ela também fosse gentil e perguntasse como ele estava. A conversa terminou azedando numa discussão.

Marina diz que Luiz se acha muito importante e poderoso, gosta de se ver como o benfeitor e protetor de jovens pobres e desamparadas. Lembra a satisfação que ele mostrava em ajudar várias mulheres jovens que trabalharam para ele, e a quem passava a odiar quando elas resolviam seguir seus próprios caminhos, pois via isso como uma traição ou prova de ingratidão por parte delas. "Isso é uma coisa típica dele, dos homens, eles são traidores. Usam do dinheiro e do poder para se aproveitar das mulheres pobres e indefesas, e ainda acham que são protetores", diz Marina.

Estou ouvindo o que Marina me conta e percebo que estou um tanto surpreso, pois imaginava que ela continuaria hoje tão angustiada e confusa quanto estava no dia anterior. No entanto, ela está calma, falando com relativa tranquilidade, como se não estivesse no meio do que me parecia se configurar como uma grande crise conjugal. Lembro-me de que no dia anterior ela me dissera que os primeiros indícios dessa situação – a conta do motel – foram detectados um mês antes e que ela nada dissera em análise. Levando em conta sua postura feminista militante, era de se esperar que mostrasse alguma indignação mais veemente e não o calmo relatório que me fazia. Tudo isso me fazia pensar novamente que, frente aos fatos do dia anterior, Marina continuava defendendo-se, fazendo uso dos mecanismos de negação e dissociação, confirmando a impressão que eu tivera no dia anterior. Vejo também que ela faz um recorte muito preciso nos acontecimentos que me relatara no dia anterior. Não privilegia o que – a meu ver – era o mais grave e angustiante, a forte possibilidade de que o marido estivesse tendo um caso com uma menina de 20 anos e os efeitos que essa descoberta poderia ter em seu casamento. Parecia-me que ela fazia um deslocamento, focando sua atenção na explicação que Luis lhe dera, acreditando que ele caridosamente ajudava os estudos e a família de uma pobre moça inteligente. Que Marina desse crédito a uma desculpa tão frágil parecia-me claramente sintomático.

Digo-lhe então que me chama a atenção que ela se aferre ao aspecto de Luis como "benfeitor ou protetor de jovens pobres e desamparadas", o que, no contexto, parecia ser uma desculpa esfarrapada para ocultar sua infidelidade, consequentemente algo que – como ela mesma dissera no dia anterior – não merecia qualquer crédito. O importante é que Luis esteja desinteressadamente pagando os estudos de uma jovem desamparada, ou que esteja tendo um caso com ela?, pergunto.

Marina nada diz, e eu fico pensando por que Marina estaria fazendo esse deslocamento, enfatizando que Luis gosta de ajudar pobres mocinhas, negando-se a ver as possíveis implicações sexuais disso. É quando lembro que existe uma significativa diferença social entre a família de Marina e a de Luis. De certa forma, poder-se-ia dizer que Marina era uma "mocinha pobre" ao se casar com Luis. Dou-me conta de que a diferença social entre eles poucas vezes fora trazida diretamente nas sessões. Penso que isso poderia justificar o deslocamento, pois, por essa via, Marina estaria então falando de um importante e reprimido aspecto de sua relação com Luis.

Como se não tivesse ouvido o que eu dissera, Marina volta a falar. Pede-me que a oriente, pois ainda não sabe o que fazer. Sente-se uma idiota, tola, cândida, ingênua. Diz que acreditava em regras que há muito não mais existiam entre eles. Luis é um homem não confiável, continua ela. Tem problemas com mulheres, pois sua mãe é uma mulher autoritária, que se mete em tudo. Agora mesmo com a luxação no pé sofrida por Luis, ela o deixava irritado ao dizer que o médico era incompetente e iria aleijá-lo. Marina acha que Luis tem medo de mulheres fortes e decididas como a mãe e ela mesma, reafirmando seu poder "salvando" mocinhas pobres. Diz que, apesar de estar sentindo-se tão mal, nada havia falado para a sua mãe, que estivera em sua casa no dia anterior.

A fala de Marina continua na linha de ignorar que o marido poderia estar tendo um caso, focada que está no hábito dele de salvar mocinhas pobres, o qual interpreta como uma forma de contrabalançar os sentimentos desencadeados pela figura forte e poderosa da mãe que sistematicamente o infantiliza. Ao mencionar sua própria mãe, a quem nada dissera do que está ocorrendo, Marina me faz lembrar novamente da difícil situação financeira de sua família de origem.

Digo-lhe que sei que ela está com um problema que gostaria de resolver com urgência e que o que vou dizer talvez lhe pareça distante de suas preocupações imediatas, mas é algo que acho importante examinar, pois talvez tenha uma ligação com o que ela está vivendo no momento. Digo-lhe que quando ela enfatiza tanto que Luis gosta de "salvar moças pobres", poderíamos pensar que, em relação a ele, ela era uma "moça pobre". Será então que a descoberta da infidelidade de Luis acorda nela lembranças de quando era a "moça pobre" a ser salva pelo namorado "rico", memória que ela mesma oculta atrás de uma postura de excessiva autonomia e independência com a qual gosta de se apresentar para si mesma, para Luis e para os demais? Se assim for, como isso estaria interferindo na situação atual? Poderia condenar Luis por querer salvar a "moça pobre"? Pode censurar a "moça pobre" por aceitar sua ajuda financeira? Ela mesma não teria agido de forma semelhante?

Marina inicialmente parece surpresa e não aceita o que digo. Não se reconhece nessa construção, mas logo volta atrás e termina por dizer que, de fato, havia um desnível nas famílias, que Luis realmente a ajudara muito e a incentivara em toda a sua carreira profissional.

Retomo minha construção, propondo-lhe que talvez se sinta ainda mais confusa sobre o que fazer com a infidelidade de Luis por se sentir como a "moça pobre" ajudada por ele, talvez se veja no lugar dela, em dívida com Luis. Como pode exigir explicações dele? Marina concorda, diz sentir-se devedora e que ele às vezes cobra, lembrando o quanto a ajudou, o tanto que ela conseguiu por causa dele.

A essa altura, a construção que eu estava fazendo se amplia em minha mente, pois lembro que Marina mostra habitualmente uma atitude de grande autonomia e independência em relação a Luis, apoiando-se na habitual postura "feminista" de negar qualquer situação que possa remeter a dependência, sempre confundida com submissão ou inferiorização. Mais ainda, nas sessões sempre se refere a Luis como uma criança mimada, desorganizada e bagunceira, sendo ela a figura forte e dominante que organiza e planeja tudo em casa. Penso que seu comportamento fálico e competitivo pode ser uma formação reativa contra a dependência e a voracidade oral em relação a Luis. Tento transmitir-lhe essa ideia, dizendo-lhe que esses aspectos da diferença social entre eles pouco haviam aparecido diretamente na análise. Talvez seja difícil reconhecer a dívida, o quanto recebeu de Luis; talvez veja isso como uma submissão humilhante; talvez por isso negue o reconhecimento e mostre uma atitude desafiadora, "feminista". Talvez ela se sinta dependente de Luis, ainda se sinta a "jovem pobre" protegida pelo homem "rico". Como lhe é penosa essa percepção de fraqueza e pobreza, de desamparo e dependência, a esconde atrás de uma aparência de autonomia e independência. Mais ainda, o saber que Luis está tendo um caso talvez deixe esse seu lado muito assustado, como uma criança que pode ser abandonada pela mãe. Esse lado fica não só assustado, mas também com muita raiva por essa ameaça de abandono.

Ela diz que é possível que seja assim. Digo que é importante ela se dar conta disso, bem como da forma como se comporta com o marido, pois sempre o trata aqui como uma criança mimada, sendo ela a mãe forte e poderosa, que resolve tudo. É a imagem contrária de uma "jovem pobre" dependente e necessitada de proteção, da criança que precisa ser cuidada e alimentada.

Marina diz que precisa falar com Luis sobre o que aconteceu e ele não quer discutir, alegando estar com dores no pé por causa da luxação. Digo-lhe que possivelmente Luis deve estar tão confuso e atrapalhado como ela frente aos últimos acontecimentos, falar do pé doente é uma desculpa até ele se recompor e poder conversar. É possível que ambos estejam com dificuldades para abordar o assunto.

Volto a pensar que a atitude dissociada de Marina, utilizando nesta sessão uma argumentação pertinente, mas fria, intelectualizada, negando a gravidade da situação, possivelmente refletiria o medo dos afetos despertados pela descoberta da infidelidade em seus aspectos infantis dependentes, em seu lado "moça pobre", que poderia desencadear um intenso ódio vingativo contra Luis.

Marina então me conta um pesadelo que tivera nos poucos momentos em que conseguira dormir essa noite.

Parecia um filme de terror. Estava ela num lugar desconhecido, acompanhada de muita gente, quando ouve dizer que havia aparecido ali um boneco que se transformara num monstro e ele iria matar todos. Em pânico, as pessoas procuram fugir, mas sabia-se que não havia escapatória, ele mataria e devoraria todos. Marina se tranca num lugar cujo acesso só é possível atravessando-se vários aposentos fechados com portas grossas de madeira, "como as de seu consultório", acrescenta. Marina não se sente a salvo, pois percebe que o boneco-monstro vem atrás dela, destruindo as portas com grandes dentadas e mordidas, até chegar aonde ela se encontra. Quando se veem frente a frente, ambos se acalmam e se sentam no chão, passando a brincar com bolhas de sabão como duas crianças. Apesar de mais tranquila, Marina continua temerosa, pensando que o boneco poderia, a qualquer momento, voltar a ficar com raiva e matá-la.

Para mim, o sonho é uma confirmação de minha hipótese de que tomar conhecimento de que Luis estava tendo um envolvimento com uma "moça pobre" mobiliza em Marina fantasias até então reprimidas na análise, possibilitando o surgimento de desejos orais dependentes em relação a Luis, bem como o correspondente ódio ao ver ameaçada a satisfação de tais desejos habitualmente ocultados atrás de uma fachada fálica.

Digo-lhe que frente à descoberta da infidelidade de Luis, ela se sente muito ameaçada, como a "moça pobre" que pode perder o protetor, ou como uma criancinha abandonada pela mamãe. Cheia de ódio, quer matá-lo, comê-lo, quer matar a todos. O boneco assassino bem representa esse seu lado agressivo infantil. Digo-lhe ainda que é interessante que o boneco se acalme depois de comer as portas de madeira "como as do consultório". Talvez ela se sinta mais calma agora, depois de conversarmos, sem tanto medo do que lhe vai ocorrer se perder o Luis para a "moça pobre" gaúcha, sente-se menos subjugada à fantasia de correr o risco de morrer de fome caso isso ocorra ou de que, tomada pelo ódio, venha a matar Luis. Penso, e registro para dizer-lhe noutra ocasião futura, que a menção às portas do consultório destruídas pelo boneco assassino apontariam para sua voracidade em relação a mim mesmo, à análise, e para o ódio que sente por não estar a porta do consultório sempre aberta para satisfazê-la imediatamente quando quisesse e que tenha de esperar os momentos regrados em que ela se abre para recebê-la.

Marina fica calada. Nosso tempo se esgota e pergunto-lhe se ela gostaria de ter outra sessão extra ainda nesta semana, o que ela aceita.

Sessão seguinte – Marina chega agradecendo minha "sabedoria" e disponibilidade para lhe dar sessões extras, o que – diz – a teria feito "segurar a onda". Diz ter conversado bastante com Luis e que ele a tranquilizara, dizendo que nada de errado acontecera, que a intenção dele era simplesmente ajudar a pobre menina gaúcha e sua família.

Tudo havia ficado resolvido entre eles. Marina diz que inicialmente se sentiu muito aliviada, mas depois se surpreendeu com o forte sentimento de decepção que a acometeu. Havia imaginado o rompimento do casamento e ficara excitada antevendo uma vida completamente diferente, sem as obrigações atuais. Seria uma mulher livre, "de volta ao mercado". Via-se fazendo parte de um grupo de amigas divorciadas e solteiras que se reúnem com regularidade e que parecem se divertir muito. Como tudo ficara resolvido, tudo voltava à vidinha de sempre. Está simultaneamente aliviada e deprimida com o desfecho de tudo.

Vemos que, frente à ameaça de rompimento com o marido, o que a faz defrontar-se com seus aspectos mais regressivos orais devoradores agressivos, com seu ódio assassino infantil representado pelo boneco assassino, Marina recua. Aceita as desculpas esfarrapadas e negações do marido, finge acreditar nelas. Isso lhe provoca simultaneamente alívio e decepção, pois esta decorre da percepção de não ter enfrentado a verdade de seus sentimentos. O que Marina teme não é apenas o abandono do marido visto com olhos infantis, e sim a intensidade do ódio assassino desencadeado pelo abandono, como mostra no sonho o boneco-monstro incontrolável, que mata todos.

O recuo de Marina não significa que o trabalho analítico feito até então tenha sido em vão, apenas mostra que ainda há muito a ser feito. Marina teve um vislumbre de aspectos arcaicos de seu psiquismo boneco assassino que estão atualizados em sua relação com o marido. O caminho agora está aberto para desenvolvimentos posteriores, quando poderá ela se posicionar de forma mais adulta com o marido – sem tamanha dependência oral camuflada por abundantes falicismos.

A observação de que o falicismo de Marina ocultava fortes impulsos orais não revela novidades, apenas confirma um velho axioma teórico. Isso não deve ser menosprezado, pois tais confirmações reforçam o conhecimento estabelecido.

Comentário de Carlos Guillermo Bigliani

1) Deixando de lado as muitas coincidências com as interpretações do material feitas por Sérgio Telles, vou propor algumas ideias que surgiram a partir de suas colocações, visando assim colaborar com a intenção clínico-teórica e pedagógica contida no convite da *Percurso*.

2) ... antecedentes da paciente, a quem chamarei Marina, restringi-me a dados essenciais para que o leitor possa entender de onde me autorizo a fazer minhas intervenções...

Que os "antecedentes" (e aqui os "antecedentes" se referem à história cronológica da paciente) pareceriam permitir-nos ver desde onde surgem as intervenções pode pressupor, ainda que eu saiba que o autor não pensa assim, que *só* a partir da história as intervenções adquirem valor científico ou se autorizam. Se, às vezes, as intervenções, notadamente as construções, dão sentido a um segmento da história do paciente, outras vezes o recurso à história pode servir para obscurecer o impacto da interpretação em toda sua vigência ou intensidade transferencial, sendo a interpretação desta última o que autoriza e o território a partir do qual surgem as intervenções do analista.[2]

3) ... atitude "feminista"...

Aqui valeria a pena se perguntar se a atitude feminista corresponderia a uma posição machista do marido, desde que os dois têm uma profissão liberal e então poderia corresponder a ambos a realização de tarefas do lar, sem que isso necessariamente seja uma reivindicação feminista. Também seria interessante ter outros exemplos dessa característica de Marina visando confirmar se essa

---

2 Só duas palavras sobre a problemática da "autorização". Lacan postula em seu Seminário XI a pergunta o "que" o autoriza a falar frente a seu público, uma vez que acabava de abandonar seu seminário na Associação Psicanalítica de Paris e começava a dar suas aulas na École des Hautes Études. É interessante remeter o leitor a um dos últimos artigos de I. Berenstein (2011), no qual, ao ocupar-se de um fazer que excede qualquer tipo de autorização, sugere que certos "fazeres" implicam "abrir um espaço que não existia anteriormente". Acho que a interpretação exitosa tem estas características – abre um espaço que anteriormente não existia.

atitude "feminista" teria algo a ver com o que Freud chama de "corrente mais profunda" da histeria: uma identificação masculina que entraria em rivalidade com Luis.

4) ... e lembrou que no mês anterior havia visto o débito de um motel na conta do cartão de crédito que usa junto com Luis...

Não deixa de ser curioso o fato de que tenha permanecido sob efeito da repressão uma percepção como essa. Se Marina deixou passar um dado tão gritante quanto uma conta de motel, isso pode nos oferecer diversas linhas para pensar, entre as quais a ideia de quantas outras marcas de infidelidade menos grosseiras ela teria deixado passar sem perceber não é a mais descartável. Por que teria agido assim? Por narcisismo que faz que só enxergue a si mesma, por "*belle indifférence*" histérica? Para não sofrer uma vivência de humilhação que teme não poder suportar? Por tudo isso junto? Veremos...

5) ... [ele falou que a] conta do motel era da última vez que ali haviam estado juntos. Como havia muito tempo, senão anos, que os dois não iam a um motel, a resposta de Luis era um contrassenso...

Esse tipo de resposta que envolve uma mentira flagrante ou uma incongruência tamanho elefante nos lembra da anedota freudiana da panela que o sujeito devolve quebrada e responde à cobrança dizendo que já estava quebrada quando a recebera emprestado, e que aliás a devolvera em perfeito estado e que, no final das contas, não sabia de que panela estavam falando, já que nunca tinha recebido nada emprestado. Não é infrequente que invasões de processos de pensamento inconsciente como este, em que impera o princípio de não contradição, ocupem a consciência (em geral e em especial) nas discussões entre casais, mas é mais frequente que o façam nesse tipo de situação extrema, visando apagar um fato inadmissível ou constrangedor. E às vezes com "ótimos" resultados, desde a perspectiva de um pacto de denegação conjunta que envolve tudo o que os casais têm que negar para permanecer juntos. Para Marina essa negação permitiria continuar a gozar de uma vida de alto poder econômico que não alcançaria só com seus ingressos (*"hippies"* ou adolescentes?), o que pode ser parte de uma dimensão em que se manifesta uma relação "filial" com Luis. O que se complementaria muito bem com o fato de Luis ter "outra" mulher, mãe imaginária para Marina, montando assim uma configuração que lhe permitiria continuar realizando seu ciclo adolescente que pode ter ficado inconcluso ao sair de sua casa para trabalhar com seus 20 anos.

6) ... vendo sua angústia, ofereço-lhe uma sessão extra no dia seguinte, o que ela aceita...

Aqui se abre toda uma série de problemáticas que incluem aspectos técnicos e transferenciais que, como sempre, estão imbricados. Em primeiro lugar é importante lembrar que as análises de cinco ou seis vezes por semana, como eram praticadas por Freud, ou as análises "didáticas" de quatro vezes como exigem as associações oficiais (ritmo porém desrespeitado em muitas delas!) e até as clássicas análises "terapêuticas" de três vezes por semana estão a caminho do desaparecimento. Cada vez são mais frequentes as análises que, pelas mais diversas razões (econômicas, urbanísticas, resistências até do próprio analista etc.), transcorrem com uma ou duas sessões semanais. Mas essa mudança técnica exige alerta por parte dos terapeutas, especialmente frente às situações de crise. A sensibilidade e experiência do terapeuta que conduz esse tratamento lhe permitem detectar imediatamente a necessidade de dar contenção à paciente numa situação como a presente, independentemente de depois ter que revisar as emergências transferenciais e contratransferenciais que podem incluir desde fantasias de maternagem até fantasias de encontro erótico-retaliativo com o terapeuta, que poderá até ser transformado no "menino de 20" de Marina.

7) ... "Usam do dinheiro e do poder para se aproveitar das mulheres pobres e indefesas, e ainda acham que são protetores" – diz Marina... Marina continuava defendendo-se, fazendo uso dos mecanismos de negação e dissociação, confirmando a impressão que eu tivera no dia anterior. Não privilegia o que – a meu ver – era o mais grave e angustiante, a possibilidade de que o marido estivesse tendo um caso com uma menina de 20 anos e os efeitos que essa descoberta poderia ter em seu casamento...

Aparentemente aqui e até essa altura parece existir um parcial mal-entendido entre terapeuta e paciente (ou entre o comentarista e o material apresentado!!) desde que Marina não parece negar completamente a situação, pois pensa que a atitude de benfeitor assumida por Luis encobre um programa de abuso da jovem Lolita. Tenho a impressão de que o terapeuta não consegue aceitar o fato de que Marina esteja tão aparentemente reestruturada a ponto de parecer, nessa altura da sessão, não estar precisando dele, como se o papel de "benfeitor" que o terapeuta talvez imaginasse assumir ficasse estragado por essa aparente independência, autossuficiência e espírito combativo de Marina. Ou talvez porque o terapeuta estava sentindo dolorosamente o que Marina não queria sentir: que ela era prescindível e que o marido se virava perfeitamente sem ela!

8) ... A fala de Marina continua na linha de ignorar que o marido poderia estar traindo-a, focada que está no que considera como um hábito dele de salvar mocinhas pobres, que interpreta como uma forma de contrabalançar a figura forte e poderosa da mãe, que sistematicamente o infantiliza...

Continua a ignorar ou o fato de que Luis se está "aproveitando" *va sans dire*? Ela mesma não fala que ele se aproveita? Mas os processos de se aproximar ao traumático são assim: percebe-se e nega-se alternativamente. Nessa negação ela se transforma em analista de Luis e do vínculo com sua mãe, ou em Lolita do terapeuta, ou transforma o terapeuta em seu "Lolito" ou nega também a ocultação que faz do fato perante a sua própria mãe. Claro que a negação permite a modulação de sentimentos de humilhação, depressão, ódio. Esses sentimentos de ódio também se expressariam como formação reativa na aparente proteção que Marina faz de Luis frente aos supostos "desejos ocultos" que acredita ver nas "cruéis" preocupações da mãe de Luis de que o médico dele o deixe aleijado em uma de suas extremidades. E pode bem ser que seja Marina quem está habitada por esses desejos de aleijar as extremidades de Luiz, ainda que talvez não precisamente a extremidade usada para caminhar!

9) ... Penso que isso poderia justificar o deslocamento, pois, por essa via, Marina estaria então falando de um importante e reprimido aspecto de sua relação com Luis...

O terapeuta parece aqui estar mostrando que o objetivo do deslocamento seria falar do que ainda não pode manifestar-se no curso do tratamento. Pode ser, mas acredito que sua preocupação visa transformar-se em analista do Luis e não ser a paciente que sofre por uma infidelidade dele. Ainda que nesse seu método para reprimir a dor se manifeste algo do reprimido...

10) ... Pede-me que a oriente, pois ainda não sabe o que fazer. Sente-se uma idiota, tola, cândida, ingênua...

Aqui Marina pede orientação: deposita no terapeuta a decisão do que fazer, já que ela seria incapaz de fazê-lo por se tratar de alguém idiota, cândido ou ingênuo. Será que ela quer colocar as coisas em termos de um terapeuta protetor e ela uma coitada interiorana chegando ao desconhecido mundo da infidelidade e à procura de um protetor?

11) ... [a paciente] não se reconhece nessa construção [de que, no passado, Luis pode também ter sido seu salvador, dada a diferença socioeconômica inicial entre eles), mas logo volta atrás e termina por dizer que, de fato, havia um desnível nas famílias e que Luis realmente a ajudara muito e incentivara em toda a sua carreira profissional...

Às vezes, nessas situações é difícil dirimir se a construção formulada provoca: a) um *insight*; b) um efeito melancolizante, tipo "você só quer seu pai para você e não se importa com suas irmãs (Lolita!!)"; ou c) se a construção, em vez de permitir que se abram novos caminhos associativos, produz um efeito obliterante para a emergência de outro material, por exemplo de novos conteúdos agressivos. *Who knows?*

12) ... desculpa esfarrapada..., a inacreditável desculpa, acreditando que ele caridosamente.... O importante é que Luis esteja

desinteressadamente pagando os estudos de uma jovem desamparada ou que esteja tendo um caso com ela?...

O terapeuta aqui aparece para o espectador externo como tomado por uma irritação grande com Luis. Tem situações em que podemos ser induzidos a atuar indignações que corresponderiam ao paciente experimentar.[3] Outras em que analista e paciente podem se envolver em um processo compartilhado de negação, complementação transferencial-contratransferencial, dinâmica kafkiana (Kancyper, 2011), "*enactment*" (Casorla, 2012) ou outras aporias. Para provar uma hipótese relacionada com essas ideias em nosso material, deveríamos poder conferir as sessões anteriores ocorridas durante o último mês, período no qual Marina não falou sobre a nota do motel. Durante esse mês teria se desenvolvido uma fantasia vincular inconsciente circunstancial (cf. Liberman e Labos, 1982, p. 157) na qual Marina ocupa o lugar de uma Lolita para seu terapeuta? Teria acontecido um conluio entre terapeuta e paciente destinado a manter a negação? Teria nesse momento Marina saído

---

3 No começo dos anos 1940, Racker e Paula Heinman desenvolveram a noção de contratransferência, cuja aceitação, diz H. Etchegoyen (cf. Lemlij, 2011, p. 47): "como uma realidade da relação analítica, implica democratizar a análise". Durante a análise se dá um jogo permanente transferencial-contratransferencial, em que as associações livres do paciente e a atenção flutuante do analista e suas ocorrências contratransferenciais produzem sentido a situações do presente e do passado e criam nova subjetividade (Liberman, 1970, p. 426, acreditava que "el análisis no consiste en redescubrir... sino en reestructurar o crear e inventar"...). Assinala então que enfatizar o determinismo inconsciente e os conflitos intrapsíquicos numa concepção unipessoal limita a compreensão do paciente, desde que são as características pessoais do analista e seu esquema referencial o que decide a direção da transferência no processo. No processo analítico se dá uma interação que é uma criação conjunta.

da negação por causa de um incremento da culpa do Luis,[4] que o levou a deixar "manchas de sangue" em todas as paredes? Numa nova oscilação, estaria Marina empurrando o terapeuta de volta a seu lugar de benfeitor por via de alertá-la e acordá-la para a "realidade" que eventualmente havia sido negada temporariamente por essa hipotética coalizão denegativa?[5]

13) ... Digo-lhe que sei que ela está com um problema que gostaria de resolver com urgência...

Não sei se ela está com urgência de resolver seu problema. Tenderia a pensar que Marina tem conseguido identificar projetivamente dentro do analista essa urgência e que ela gostaria de continuar não vendo, como conseguiu não enxergar durante um mês, ou pelo menos vendo aos poucos.

14) ... Como lhe é penosa essa percepção de fraqueza e pobreza, de desamparo e dependência, a esconde atrás de uma aparência de autonomia e independência. Mais ainda, o saber que Luis está tendo

---

[4] Às vezes, determinadas negações são levantadas não por efeito do casal terapeuta-paciente, mas como resultado de alguém que desde fora do campo analítico provoca efeitos que o atingem.

[5] Considera-se que a interpretação exercerá uma ação integradora ou desintegradora, segundo satisfaça ou não as necessidades inconscientes de conhecimento que o paciente tem de si mesmo num determinado momento. Pessoalmente, penso que, às vezes, acompanhar, em caso de que tenha sido assim, um paciente em um "enactment" de uma fantasia cumprindo com uma necessidade de negação para modular ou amortecer o efeito de uma percepção traumática pode ser integrador, ou pelo menos permitir a um ego fragilizado juntar seus cacos para depois avançar em direção ao conhecimento previamente difícil de atingir. Aqui se abriria toda uma discussão "bioniana" sobre + ou −K (*knowledge*, conhecimento) no casal terapeuta-paciente, que deixamos para outra ocasião.

um caso talvez deixe esse seu lado muito assustado, como uma criança que pode ser abandonada pela mãe. Esse lado fica não só assustado, mas também com muita raiva por essa ameaça de abandono...

Aqui gostei, agregaria que possivelmente por tudo isso ficou esse último mês sem ver o que tinha visto.[6]

15) ... É possível que ambos estejam com dificuldades para abordar o assunto...

Gostei de novo. Aqui o terapeuta parece ter modulado sua contraidentificação com os aspectos vingativos e de necessidade de ação de Marina e entra numa fase mais reflexiva, o que deve retirar o medo de pensar sentido por Marina, antes bloqueado por uma necessidade de agir que, seguramente vindo dela, foi transferida ao terapeuta, em parte por considerar Luis superforte e em controle absoluto na prática de suas traições. Marina se aproxima da ideia de que eles têm uma crise familiar que tem que ser pensada, seguramente pelos dois.[7]

---

[6] Coincidindo com o que Telles nos traz em seu comentário, Isidoro Berenstein (1989/2011), em um de seus últimos artigos, diz: "O desamparo está associado à falta de defesas frente às necessidades de autoconservação e também frente aos próprios impulsos agressivos, ligados à representação de objetos destrutivos desmesuradamente poderosos. Acredito que o registro do desamparo nunca abandona o ser humano e retorna em situações extremas de grande infortúnio ou perda significativa".

[7] Não temos informação sobre a estrutura familiar completa, mas poderíamos propor a hipótese de que Marina e Luis estão vivendo uma configuração frequente de uma fase do ciclo vital conhecida como síndrome do ninho vazio, na qual, pela saída dos filhos, os pais se envolvem em diversas situações conflitivas na tentativa, às vezes patológica, de elaborar lutos e reconstruir projetos (cf. Moguillansky e Nussbaum, 2011).

16) ... Pesadelo, lugar desconhecido, boneco assassino, fechar-se atrás das portas como de seu consultório, bolhas de sabão...

Transformar no contrário (conhecido-desconhecido) por meio do prefixo de negação "de" é habitual no processo de deformação onírica. Seguramente o lugar do sonho era um conhecido. De toda forma, os impulsos orais agressivos que tão bem descreve Telles seguramente originam ainda muita culpa. Talvez essa culpa tenha colaborado para determinar a negação que se instalou durante o último mês frente às ameaças das percepções externas e à emergência da agressão interna. Seria importante mostrar a culpa que sua agressão gera, já que acredito que isso dá parcialmente conta não só dessa denegação passada, senão da denegação por acontecer no sonho. Num clima de incerteza frente à emergência de novas manifestações de agressividade, ela se infantiliza em sua relação com o boneco assassino, passando a jogar com coisas muito frágeis e inofensivas, como as bolhas de sabão, e na realidade futura de sua relação com Luis, como irá manifestar-se em seus relatos de "reconciliação" com Luis via explicações, que este comentador também acha mirabolantes, na nova sessão extra apresentada no fim deste material.

17) ... registro [certas compreensões sobre a transferência] para dizer-lhe noutra ocasião futura...

Acho importante também nessas situações estar alerta para os perigos da "transferencite", inflamação da interpretação transferencial que pode atacar o terapeuta em determinadas situações em que este pode julgar necessário "dar uma verônica" (movimento pelo qual o toureiro convida o touro a se espatifar contra o *ruedo*[8] depois de o cegar com o pano vermelho da capa) à realidade externa "radioativa", refugiando-se na realidade da transferência.

Acho sim, que, se for verdadeira minha hipótese sobre o pacto de denegação (entre terapeuta e Marina) que teria se instalado durante o mês que precedeu a "descoberta" da traição, uma interpretação sistemática, "kleiniana", da transferência teria encurtado o tempo necessário para chegar ao levantamento dessa negação. Todas essas são hipóteses nas quais se discute uma das situações mais complexas que compõem a "arte" da técnica psicanalítica.

18) ... forte sentimento de decepção que a acometeu. Havia imaginado o rompimento do casamento e ficara excitada ao se ver tendo uma vida completamente diferente, sem as obrigações atuais...

A decepção é também com ela por ter engolido todas as suas percepções anteriores e instalar novamente a negação. Coisa que vai ter que ser analisada, para evitar que Marina saia da negação por meio de um *acting* vingativo.

Referências

Berenstein, I. (2011). Un hecho social visto por un psicoanalista, Manifestaciones alejadas del holocausto. In www.coloquio.org. (Trabalho originalmente publicado em Psicoanálisis de la

---

8 Arena circular onde se enfrentam touro e toureiro.

estructura familiar: del destino a la significación, *Paidos*, México, 1989)

Berenstein, I. (2011). La relación entre nos-otros: alteración y autorización. *Revista APdeBA, xxxiii*(1), 2011.

Cassorla, R. (2012). What happens before and after acute enactments? An exercise in clinical validation and the broadening of hypotheses. *International Journal of Psychoanalysis*, 93(1), 53-80.

Kancyper, L. (2010). *Resentimiento terminable o interminable.* Buenos Aires: Lúmen.

Lemlij, M. (2011). *Cara a cara, entrevistas profanas.* Lima: Sidea.

Liberman, D. (1970). Lingüística, interacción comunicativa y proceso psicoanalítico. Buenos Aires: Galerna.

Liberman, D.; Labos E. (1982). *Fantasía inconsciente, vínculo y estados psicóticos.* Buenos Aires: Kargieman, 1982.

Moguillansky, R.; Nussbaum, S. L. (2011). *Psicanálise vincular.* São Paulo: Zagodoni.

Comentário de Elias Mallet da Rocha Barros e Elizabeth Lima da Rocha Barros

O presente exercício tem sua inspiração numa nova seção do *International Journal of Psychoanalysis*, criada há sete anos e intitulada "O analista trabalhando", inaugurada durante o período durante o qual fui (Elias) editor para a América Latina dessa publicação.

A razão que orientou a decisão de criar essa nova seção relacionava-se a diversas questões que pairavam no ar. A diversidade das abordagens clínicas era, e é, enorme. A pergunta sobre a existência ou não de uma base comum à psicanálise motivou vários congressos. O próprio *Journal* publicou um debate, hoje considerado clássico, entre André Green e Wallerstein sobre esse tema.

Os analistas se viam, e se veem, face às limitações das teorias que dispomos, que não são conceitualmente suficientes para explicar nossa clínica. Expressivo dessa ansiedade é o título do livro publicado por Stefania Manfredi (1968): *As certezas perdidas da psicanálise clínica*.

Talvez, se nos sentíssemos menos ameaçados, poderíamos dizer que estamos simplesmente diante de mais uma manifestação do que Morin e Le Moigne (1999) chamam de "pressão para inteligência da complexidade". O fenômeno clínico observado sempre é uma teia de relações que necessita ser inserido num sistema complexo de pensamentos e experiências. Somos muito mais sensíveis hoje à multideterminação dos fenômenos psíquicos e, em consequência, damos mais atenção aos detalhes das manifestações que hoje vemos como transferenciais e aos seus significados.

Novos paradigmas são fruto de uma transformação da psicanálise que deixou de se propor a "curar" sintomas e passou a se preocupar com a estrutura da personalidade e com os fatores que facilitam e dificultam seu desenvolvimento. Ainda nessa área, podemos dizer que nos vemos perdidos diante de uma multiplicidade de teorias que ameaçam nosso campo de fragmentação.

Nesse contexto, nós, editores, pensamos que nos deveríamos voltar para a clínica tal qual era praticada pelos analistas contemporâneos e, nesse sentido, escolhemos um grupo representativo de analistas, selecionado em função de suas publicações e prestígio na cena internacional, aos quais pedíamos que nos enviassem o material de uma ou duas sessões detalhadamente descritos e de preferência sem quaisquer referências teóricas. Concomitantemente, pedíamos a dois outros analistas, de orientações teóricas conhecidamente diferentes daquele que nos forneceu o material clínico, para o comentarem.

Implicitamente nos perguntávamos se nós analistas não estávamos perdendo nosso rumo inspirado nas teorias sobre o inconsciente inauguradas por Freud. Em cada sessão paira uma questão: o que cria/gera as associações do paciente sob a forma discursiva (fala) e não discursiva (imagem, sentimentos, sonhos)? E dessa interrogação decorrem outras como: o que guia nossas intervenções? O que as justifica? Como avaliamos seus efeitos?

A situação analítica, da forma como ela é concebida nos seus aspectos formais (número e duração de sessões, a postura do analista), constitui nossa *materialidade teorética* que, de acordo com Fédida (1991), que introduziu essa expressão, é metapsicologicamente coerente com a "ficção" de um aparelho psíquico. É desse ângulo que podemos fazer uma reflexão sobre a teoria implícita na concepção de *setting* na clínica contemporânea.

Vemos grande utilidade na expressão *materialidade teorética*, porque ela indica que nossa prática clínica (nossa materialidade) é a expressão de um *modelo metapsicológico* do aparelho psíquico. Essa expressão enfatiza também a relação dialética entre a prática e a teoria. Nada é mais perigoso para o desenvolvimento da psicanálise que uma cisão entre o psicanalista clínico praticante da psicanálise e o teórico, pensador dessa prática. Desse modo qualquer inovação nos seus aspectos formais implica um reexame da concepção de como opera o aparelho psíquico humano.

Ouvimos de Donald Meltzer em diversas aulas e seminários clínicos que o destrinchamento de um material clínico poderia ser comparado ao que ocorre na lapidação de um diamante. O lapidador inicialmente se vê diante de uma pedra relativamente informe coletada na natureza. Essa pedra traz em si um potencial de cortes, ou seja, de lapidação. O objetivo do lapidador é fazer cortes no cristal de tal forma que a luz a atravesse, produzindo um máximo de luminosidade. É dessa forma que são produzidos os diamantes, alguns deles maravilhosos. A lapidação depende da habilidade do lapidador para encontrar os melhores ângulos de abordagem da pedra e do potencial da pedra bruta. Mas não há uma única maneira de lapidar uma pedra. Diante de cada pedra existem duas ou três possibilidades de uma lapidação excepcional, quatro, cinco ou seis de uma boa lapidação e um potencial de se estragar a pedra. O mesmo ocorre numa sessão de análise. O analista, o supervisor ou o comentador, no nosso caso, são instados a propor os seus recortes de forma a lançar mais ou menos luz ao modelo de funcionamento mental do paciente. A *pedra bruta*, no caso, é o material em si, incluindo a forma como este foi colhido e relatado.

É com essa perspectiva que abordaremos o material que nos é oferecido generosa e competentemente por Sérgio Telles, nosso colega e querido amigo.

É preciso enfatizar que se trata de um *exercício* de imaginação, nunca de uma supervisão.

Gostamos muito de mencionar a postura de Riobaldo, personagem de Guimarães Rosa, quando somos convidados a especular sobre um tema clínico. Diz ele:

> *De primeiro, eu fazia e mexia, e pensar não pensava. Não possuía os prazos. Vivi puxando difícil de difícel, peixe vivo no moquém: quem mói no asp'ro, não fantasêia. Mas, agora, feita a folga que me vem, e sem pequenos dessossegos, estou de range rede. E me inventei neste gosto, de especular ideia (Guimarães Rosa, 1958/2019, p. 15).*

Riobaldo, na passagem citada, concentra em sua fala – a fala de alguém que se propõe a narrar sua própria vida em busca de um fio condutor que lhe dê unidade e sentido – a essência daquilo que corremos o risco de perder em nossa reflexão psicanalítica: o pensar reflexivo sobre si mesmo que permite que nos apropriemos de nossos conhecimentos e examinemos criticamente os atos e discursos constitutivos de nossas vidas, de modo a encontrar nesta um sentido, uma estrutura organizadora que nos permita exercer uma função crítica em relação à própria cultura. Riobaldo sabe intuitivamente que o sentido de sua experiência não é apreensível enquanto esta transcorre, no imediatismo do dia a dia. É só no *range rede* depois de *feita a folga* e sem os pequenos *dessossegos* que a experiência pode ser pensada.

E assim passamos a refletir sobre a sessão e a propor nossa lapidação.

A primeira questão que se apresenta, de nosso ponto de vista, é a frequência (uma vez por semana) das sessões de Marina. Para nós, a frequência em si mesma não serve, ou não basta, para definir se uma abordagem é psicanalítica ou não. A diferenciação entre psicanálise e psicoterapia muitas vezes não faz sentido, sobretudo se feita com o objetivo de valorizar uma prática e desvalorizar a outra.

A questão para nós se coloca de outra maneira. Quanto menos frequentemente vemos um paciente, em princípio, menos dispostos estamos a perturbá-lo, desafiar seu estado presente de equilíbrio psíquico, e a *nos deixar perturbar* por ele (paciente). Isso pode implicar uma dificuldade maior de observarmos e interpretarmos defesas mais primitivas que operam de maneira mais sutil.

Não querer perturbar o paciente carreia uma série de perigos para nossa prática clínica. Assim, quanto mais conscientes estivermos dessa possibilidade, mais capazes seremos de sustentar nossa identidade analítica e nos refrearmos de tentar "tranquilizar" o paciente.

De nosso ponto de vista, o elemento que mais nos chama a atenção é o dilema (poderíamos chamar isso de conflito?) enfrentado por Marina entre querer ou não saber o que está se passando na realidade, como aponta Telles. Mas, para nós, a questão central não é a problemática de querer ou não saber especificamente o que o marido está fazendo com ela, se a trai ou não, se a trata como idiota ou não. Acreditamos mesmo que a referência explícita a essa questão pode levá-la a se defender mais ainda ao concretizar a problemática em torno da questão de se o marido a trai ou não. Como a definição dessa questão implicaria muito provavelmente uma ação/reação de separar-se ou não, nós evitaríamos mencionar a situação específica em nossa fala.

A problemática da possível traição do marido, do ponto de vista de um ego mais maduro e adulto, seria de outra natureza, questionamento que ela nunca faz, qual seja, *o porquê de o marido eventualmente ter se afastado ou perdido o interesse nela*.

Ela não faz essa pergunta, sempre na singularidade de nossa perspectiva, porque Marina mantém um funcionamento mental infantilizado. Aqui não estamos nos referindo ao desenvolvimento cronológico da paciente, não estamos nos referindo a uma possível regressão ao seu funcionamento historicamente *infantil*, mas ao *modo infantil* de sua mente. Trata-se de uma regressão estrutural, e não histórica.

Marina se mantém durante as sessões num estado de espírito que mistura raiva e desespero a serviço *do modo infantil de funcionamento mental.* Um desespero que se metaboliza diretamente em raiva. Ela se apresenta num estado de passividade diante do analista e da situação que está vivendo. Ela literalmente *traz* o problema para o analista lhe sugerir uma solução. Sua raiva está a serviço da manutenção de um estado de espírito infantil, ela se torna primeiro a menininha com raiva e depois se transforma numa espécie de menininha incapacitada que não vê o que está se passando, convida o analista ao desespero e a um desejo de denunciar sua ingenuidade.

Vejamos nossas hipóteses sobre o sonho/pesadelo que ela nos apresenta:

Sonho: Parecia um filme de terror. Estava ela num lugar desconhecido, acompanhada de muita gente, quando ouve dizer que havia aparecido ali um boneco que se transformara num monstro que iria matar todos. Em pânico, as pessoas procuram fugir, mas sabia-se que não havia escapatória, ele mataria e devoraria todos. Marina se tranca num lugar cujo acesso só é possível atravessando-se vários aposentos fechados com portas grossas de madeira, "como as de seu consultório", acrescenta. Marina não se sente a salvo, pois percebe que o boneco-monstro vem atrás dela, destruindo as portas com grandes dentadas e mordidas, até chegar aonde ela se encontra. Quando se veem frente a frente, ambos se acalmam e se sentam no chão, passando a brincar com bolhas de sabão como duas crianças. Apesar de mais tranquila, Marina continua temerosa, pensando que o boneco poderia, a qualquer momento, voltar a ficar com raiva e matá-la.

Nesse seu *estado de medo*, pavor mesmo, o ser perseguida pelo boneco assassino transforma-se em uma brincadeira com *bolhas de sabão*!? O medo de pensar sobre o boneco presente em sua vida no momento – nesse caso, a problemática gerada pela quase inegável traição do marido – é transformada numa brincadeira infantil (seu modo infantil de funcionar nessa situação). E ainda traz o boneco assassino para o consultório de seu analista, mantendo-se passiva, transformando algo que seria muito amedrontador e sério em algo nada sério, uma brincadeira. De forma inconsciente, convida o analista a lhe dizer que o boneco é algo muito sério, perigoso e assustador pelas consequências potenciais de entrar em contato com essa realidade psíquica. Do ponto de vista de um lado adulto, a questão seria: quem criou (e de que forma) o boneco-monstro? No caso, Telles nos relata como Marina recua diante da possibilidade de ter que se examinar e confrontar-se com o significado de seu ódio (no caso infantil) e transforma tudo em *bolhas de sabão*.

Se quisermos especular ainda sobre o material, poderíamos considerar que Marina se identifica com a moça pobre, ajudada pelo marido, que não questiona a natureza dessa ajuda. Ela, a nosso ver, *empobrece* seu funcionamento mental ao instalar-se primeiro na raiva e depois ao torná-la bolhas de sabão. A questão analítica então seria o que a leva a empobrecer-se e o que favorece a manutenção desse empobrecimento mental.

Concordo com Telles quando ele fala na identificação da paciente com a moça pobre, e a partir disso especularia interpretativamente o porquê de ela permanecer mal remunerada como advogada apesar de competente. Nesse sentido também trataria a questão de ela só poder vir uma vez por semana como um outro sintoma de sua paralisação num estado de pobreza, inclusive mental.

Num nível teórico, também poderíamos especular (lembre-se de que nós, comentadores, estamos no *range rede* e Telles está *moendo no asp'ro*) que Marina evita um confronto com a situação edipiana. Marina *tranca-se* num aposento (estado mental ou organização patológica) passando através de várias portas trancadas (o lugar da cena parental primária?) e, diante da evidência da cena, transforma o medo de ser abandonada (boneco-monstro devorador assassino) em um estado infantil, quando passa a brincar com o boneco com bolinhas de sabão.

E aqui voltamos ao início do texto. Como comunicar tudo isso de caráter tão assustador a Marina numa sessão quando só a veríamos uma semana depois? Como resistir a tentar tranquilizá-la e a nos tranquilizar?

Referências

Fédida, P. (1991). *Nome, figura e memória.* São Paulo: Escuta.

Fédida, P. (1986, 1989). *Communication et réprésentation.* Paris: Presses Universitaire de France. (Existe tradução brasileira publicada pela editora Escuta em 1989 sob o título *Comunicação e representação*)

Guimarães Rosa, J. (2019). *Grande sertão: veredas.* 22. ed. São Paulo: Companhia das Letras. (Publicado originalmente em 1958)

Manfredi, T. S. (1998). *As certezas perdidas da Psicanálise Clínica.* Rio de Janeiro: Imago.

Meltzer, D. (1967). *The psycho-analytical process.* Perthshire, Scotland: Clunie Press.

Morin, E.; Moigne J. L. L. (1999). *L'inteligence de la complexité.* Paris: L'Harmattan.

Caso 2: O Caso R.[1]

Apresentador – Mario Eduardo da Costa Pereira

Comentadores – Alcimar Alves de Souza Lima e Marion Minerbo

Apresentação de Mario Eduardo da Costa Pereira

Trata-se aqui do relato de uma sessão ocorrida na fase inicial da análise de um homem com queixas de desânimo, tristeza intensa, angústia e paralisia de sua capacidade de trabalhar. Previamente serão apresentados alguns elementos capazes de situar o contexto de sua demanda de psicanálise e algumas breves vinhetas de sessões anteriores àquela que será o objeto central desta exposição, de modo a melhor situá-la nesse período de começo de tratamento.

Levanta-se de pronto, quase em sobressalto, quando, pela primeira vez, o chamo na sala de espera. Sorri cortesmente, mas não consegue esconder a angústia de seu olhar, uma certa tristeza, um

---

[1] Publicado na revista *Percurso*, 51, dez. 2013.

pedido de ajuda que se esboça de maneira espontânea, antes mesmo de ser formulado. Ele o seria, em breve.

R. é um homem de uns 45 anos. Tem a fronte levemente suada, embora aquele dia de inverno estivesse relativamente frio. Traz canetas penduradas no bolso da camisa e um porta-celulares no cinto da calça. Carrega ainda uma volumosa pasta tipo executivo. Parece cheia e pesada.

Ao entrar no consultório, imediatamente tenta se desembaraçar de toda aquela parafernália profissional, deixando seus inúmeros apetrechos sobre uma cadeira disponível.

Senta-se diante de mim com o olhar fixado no meu, tomando a palavra imediatamente, sem rodeios: "Estou deprimido já há bastante tempo". Diz isso esboçando um sorriso desconcertado. R. conta, então, que teve duas situações de depressão no passado, mas que dessa vez mal consegue trabalhar. Relata enorme dificuldade para sair da cama pela manhã. Iniciar o dia parece-lhe uma tarefa muito além de suas forças. Não sente ânimo para o trabalho, tudo lhe parece vazio e sem sentido.

Conta que, sob supervisão médica, vem tomando medicamentos antidepressivos nos últimos dois meses, mas sem qualquer melhora significativa. Queixa-se de dificuldades de concentração. Como trabalha em uma grande agência de consultoria de gestão empresarial, suas atividades profissionais implicam um contato diário com clientes extremamente exigentes, cujas firmas encontram dificuldades em funcionar como equipes ou no relacionamento entre seus funcionários. Dessa forma, R. deve auxiliar no manejo de complexas e tensas relações interpessoais e administrativas dos ambientes corporativos, em uma atmosfera de muita ansiedade, exigência e de cobrança de resultados. Em função de seu estado atual, ele não se sente à altura de tamanha responsabilidade. Diz: – Vim procurar o senhor porque, na verdade, estou com muito medo de perder meu emprego. Não consigo mais dar conta de minhas funções e não tenho sequer ânimo para ir trabalhar.

Refere que sempre gostou muito de seu trabalho e, dadas suas origens humildes, sentia-se orgulhoso por ter alcançado um posto de muita importância em sua empresa, o que lhe impunha muitas viagens, contatos com pessoas importantes e tarefas de grande responsabilidade. Seu emprego atual permitiu-lhe uma grande ascensão social e uma vida de conforto material que jamais poderia ter imaginado em sua juventude.

Fala espontaneamente de sua infância, que descreve como um período extremamente difícil e infeliz. Seu pai era alcoolista e morreu aos 42 anos por complicações clínicas decorrentes do abuso de bebida. R. era, portanto, ainda um menino quando dele ficou órfão. Diz: "Eu tinha vergonha de meu pai, ele ficava bêbado todos os dias. Por vezes caía na rua e tínhamos que buscá-lo da sarjeta, desmaiado e coberto de vômitos. Quando estava em casa, muitas vezes ele ficava violento. Batia em minha mãe e em nós, gritava muito. Mas na maior parte do tempo, apenas ficava chato e muito desagradável. Um dia minha mãe se cansou, mandou-o para fora de casa e pediu o divórcio. Ele nunca mais voltou. Eu o via somente de vez em quando, na rua, nos bares do bairro. Com a separação, ele aumentou muito o consumo de álcool e morreu pouco depois".

A família morava em um bairro pobre da cidade. As privações materiais eram uma constante de sua infância, mas nada lhe era mais doloroso do que o ambiente caótico em casa, do que o medo constante de que o pai chegasse muito embriagado da rua, fazendo "a vida de todos nós um inferno!".

R. descreve a mãe como uma mulher "dura" e forte. Afinal, fora ela quem expulsara o marido de casa, assumindo sozinha a criação dos filhos, quando estes ainda eram pequenos.

"Ela nunca mais casou, nunca mais teve outro companheiro", acrescenta R.

Outra marca decisiva de sua infância, sempre conforme seu relato, foi "a clara predileção" que a mãe teria por seu irmão mais velho, Roberto. Este que era o "inteligente", "o bom filho" que "iria dar certo na vida". Quanto a R., as palavras da mãe que o descreviam, segundo ele, eram: "burro", "incompetente", "estorvo", "nunca vai dar certo na vida". Roberto foi colocado em uma escola privada, o que exigia da família um grande esforço para poder pagá-la. R., por sua vez, deveria se contentar com a escola pública do bairro. Mesmo antes, Roberto havia frequentado a pré-escola paga do bairro.

"Eu tive que ir direto para a primeira série, sem nunca ter participado antes de um grupo de alunos. Minha mãe me deixava lá, chorando apavorado. Eu me sentia sozinho e desprezado por ela."

Sentia-se injustiçado e humilhado. Diz que fora um adolescente tímido, inseguro, com frequentes crises de angústia e "com muita revolta guardada".

Aos 19 anos conheceu sua atual esposa, "e isso mudou minha vida". Ela era dois anos mais velha que R. Após um breve período de namoro, os dois jovens se casaram. Ele havia arrumado um emprego e iniciara a faculdade de Administração. Saiu de casa jurando que "nunca mais voltaria àquele bairro maldito".

De fato, sua carreira decola rapidamente. R. encadeia promoções e demonstra grande talento para liderar equipes e para gerenciar conflitos de relacionamentos na empresa. Ao se formar, realiza uma especialização na área de gestão de recursos humanos e de gerenciamento de grupos de trabalho e é assim que, em pouco tempo, é contratado para um elevado posto de comando na empresa em que estava trabalhando.

Sua ascensão econômica foi igualmente meteórica, alcançando um padrão material de vida muito elevado, distanciando-o socialmente do restante de sua família. Descreve o casamento como seu "porto seguro" e prefere as atividades em casa a qualquer forma de "badalação social". O casal teve uma menina, agora com vinte anos de idade. A gravidez foi planejada e recebida com enorme alegria, como "uma grande realização".

Configura-se, assim, aquilo que R. chama de "o paradoxo de minha vida": sente-se realizado e reconhecido profissionalmente, muito feliz no casamento. Atingiu um grau de ascensão social e de conforto material que jamais teria imaginado. Mas, a despeito de tantos motivos para se sentir feliz, "do nada" mergulhou em um estado emocional de profunda depressão.

"Do nada?", pergunto.

"Deve vir de alguma coisa, mas não entendo o quê", responde R.

Em uma das sessões subsequentes, R. põe-se a falar de maneira profusa, angustiada. Recorda inúmeros episódios de sua infância os quais, a seus olhos, demonstram bem a nítida preferência que sua mãe teria por Roberto, seu irmão mais velho.

Lembra com dor do entusiasmo com o qual sua mãe relatava à vizinhança as conquistas e sucessos do pequeno Roberto.

"Sobre mim, não fazia nem críticas, nada. Ela simplesmente não fazia menção. Era como se eu não existisse. Em sua cabeça, só havia mesmo meu irmão."

R. diz que a certa altura de sua infância desistiu de fazer-se reconhecer por ela. Resignou-se à timidez e ao silêncio. Mantinha-se à distância de sua mãe e dos demais membros de sua família, levando uma vida "totalmente para dentro".

"Eu tinha vergonha de ser eu."

Muitas vezes teria escutado da mãe frases como: "Você é um vagabundo! Nunca vai ser nada na vida, ninguém vai querer um imprestável!".

Nesse momento da sessão, Rui diz: "Eu não quero ficar falando de minha mãe. Isso já está superado. Ela já não importa mais nada para mim", e fica em silêncio...

Depois de alguns segundos, intervenho: "Mas você fala dela o tempo todo!".

Rui sorri desconcertado e surpreso. Fica em silêncio mais alguns segundos e conclui quase em suspiro: "Pois é...".

Ao que respondo: "Pois é...", e encerro a sessão.

R. levanta-se da poltrona visivelmente emocionado. Acompanho-o até a porta. Ao deixar o consultório, engana-se de caminho, virando à esquerda em busca do elevador. Este ficava à direita, como ele já bem sabia. Parecia completamente absorvido por seus pensamentos.

Inicia a sessão seguinte dizendo: "Abandonei totalmente minha família de origem. Não visito minha mãe há mais de quinze anos.

Depois que casei, havia jurado que nunca mais voltaria àquele lugar maldito, que só me traz más recordações de uma infância muito infeliz. Comecei vida nova com minha esposa, com minha filha. Ganhei dinheiro, conquistei um trabalho em que sou valorizado. Pensar naqueles tempos só me faz mal".

Em seguida, Rui relata espontaneamente que tem tido muitas dificuldades para dormir e que, por vezes, recorre a bebidas alcoólicas para pegar no sono.

A sequência de suas associações toma um rumo surpreendente. Inicialmente diz que os primeiros episódios depressivos começaram dez anos antes, devido a um momento de crise no casamento no qual discutiam muito e no qual sua esposa teria dito "que não suportava mais aquilo".

"Temi que ela fosse embora", afirma.

Em seguida, dá-se conta do fato que teria sido o desencadeante de seu mal-estar atual: "Minha esposa abriu uma loja há mais ou menos três meses. Desde então ela tem ficado muito ausente de nossa casa".

"Ausente?", insisto.

"Ausente!", exclama Rui sem hesitar. "Lá em casa sempre foi ela quem cuidava de tudo. As coisas estavam sempre em ordem. Ela mandava em mim e na minha filha e tudo acabava correndo muito bem. A gente tinha sempre a sensação de estar vivendo em um lar! Eu dei muita força para ela montar seu próprio negócio. Ela sempre disse que esse era seu desejo, seu projeto de vida profissional. Entrei com um bom dinheiro para que o projeto fosse implantado. Mas agora tudo está muito diferente, muito estranho. Ela não está mais tão presente, as coisas não funcionam, a casa parece meio abandonada".

"A casa?", digo.

"..." [suspira] "... Nós".

"Nós?", insisto.

"Eu, é claro!"

"Pois é."

E interrompo a sessão nesse ponto.

Na sessão seguinte, Rui evoca novamente seus sintomas: "Tenho me sentido pior pela manhã. É muita pressão no trabalho".

Diz que facilmente se sente desconfiado dos colegas, que tem muito medo de perder sua posição e de não ser capaz de estar à altura de suas tarefas em função de seu estado emocional.

"E não consigo nem conversar sobre isso com minha esposa, que tem agora suas próprias preocupações de trabalho e que prefere falar de suas próprias sobrecargas a cuidar das minhas."

"Cuidar das suas sobrecargas? Ela?", digo.

Rui fica um tanto desconcertado, sorri e responde com ar um tanto maroto.

"Seria bom, né?"

Mais adiante, diz que muitas vezes tem vontade de chorar, mas não consegue. Relata, também, que há dois meses tem notado uma significativa diminuição de seu desejo sexual pela esposa, o que nunca ocorrera antes.

"Há dois meses", pontuo.

"É. Será que tem a ver com o trabalho dela? Com o fato de ela não estar mais tão presente em casa?"

Fico em silêncio e ele continua: "É. Acho que não suporto que ela não cuide mais de mim como fazia antes. Mas, no fundo, isso não faz sentido. O que está havendo comigo, doutor?", pergunta angustiado. "Eu preciso entender melhor tudo isso!"

"Você quer mesmo ir ao fundo dessa história e saber o que se passa mesmo com você?"

"Eu preciso, doutor."

"Então, a partir da próxima sessão você passará a deitar no divã. Não se preocupe em trazer nada preparado para dizer na sessão. Apenas relate tudo o que lhe passar espontaneamente pela cabeça, à medida que as coisas forem fluindo."

R. fica alguns instantes em silêncio. Por fim, olha-me fixamente nos olhos e diz: "Ok. Vamos lá".

Na sessão seguinte, R. entra no consultório, dirige-se espontaneamente ao divã. Para de pé diante dele e pergunta: "Posso?".

"Vamos lá", respondo.

Deita-se, sem hesitar. Relaxa por alguns segundos, como para se acostumar, como para tomar posse corporalmente da nova situação, e coloca-se, em seguida, a associar.

R. fala longamente da perturbação que toda a história de sua infância ainda lhe provoca. Queixa-se amargamente do fato de ter sido abandonado pelo pai, incapaz de exercer suas funções, impotente para protegê-lo daquilo que chama da "loucura" de sua mãe, "contra mim". Quando se referia mais diretamente a ela, era tomado de grande emoção. Em certos momentos, ficava tão perturbado e comovido que seu corpo chegava a arquear-se espontaneamente sobre o divã, como num espasmo.

Nos últimos dias, vinha examinando a hipótese de visitá-la, na casa onde passou sua infância e na qual sua mãe continua a morar.

"É um grande desafio voltar lá. Eu jurei a mim mesmo que nunca mais pisaria naquele bairro. Mas agora acho que isso é fundamental, se eu quiser resolver essa história de uma vez por todas em minha cabeça. Indispensável! Mas tenho muito medo de piorar."

[Silêncio]

"O que o senhor acha?", pergunta R.

[Silêncio]

"É...", diz. E suspira fundo.

Encerro a sessão nesse ponto.

Depois de muito hesitar e cogitar ao longo de várias sessões, R. termina por se decidir a ir com toda a sua família visitar sua mãe. É a primeira vez que retorna ao bairro de sua infância depois de muitos anos. Na sessão que precedeu sua ida, falou reiteradamente que "precisava voltar lá", mas que tinha muito medo de que essa experiência emocionalmente tão intensa terminasse por fazê-lo piorar.

De fato, no plano do mal-estar provocado pelos sintomas, R. havia apresentado uma nítida melhora, com alívio tanto da depressão e angústia quanto de suas inseguranças no trabalho. Mas temia que a melhora ainda fosse precária e que o esforço emocional de reencontrar a mãe e o cenário de um passado tão doloroso pudessem levar a uma deterioração de seu estado.

Mesmo assim, tal "retorno às origens", segundo sua própria expressão, parecia-lhe necessário e incontornável. Sua mulher havia concordado em acompanhá-lo, mas a filha tinha um impedimento na faculdade, não podendo participar desse momento.

Chegamos, assim, à sessão que constitui o ponto central deste relato.

Ela ocorreu imediatamente após a tão esperada e temida visita à casa da mãe. Essa sessão revelou-se um verdadeiro *turning point* de sua análise, a qual, apesar de até então se ter estendido por apenas algumas semanas, começava a dirigir-se para elementos realmente cruciais de seus impasses subjetivos.

R. chega, deita-se sobre o divã, fica em silêncio por um tempo e diz: "Tá tudo bem. Não tenho novidades".

Imediatamente me passa pela cabeça a enorme extensão desse enunciado, "Não tenho novidades", justamente após ter ele voltado à casa da mãe, uma década e meia depois. "O inconsciente é realmente atemporal e a repetição não deixa de conter uma esperança, mesmo que condenada de antemão ao reencontro do mesmo fracasso de sempre!", pensei, mas sem dizer palavra.

"Mas fui visitar minha mãe!"

"Essa não deixa de ser uma novidade", disse eu.

"Foi interessante, na verdade. Em pouco tempo, consegui conversar com meu irmão. Foi uma reaproximação bastante natural. Ele acabou se 'ferrando' muito na vida. Apesar de ter sido sempre o 'queridinho da mamãe' e o dono de todas as qualidades do mundo, ele nunca conseguiu sair da Vila B. [bairro em que vive a família ainda hoje]. Depende dela para fechar o orçamento do mês e vive de pequenos consertos domésticos que realiza. Já passou por inúmeros empregos, sem nunca conseguir se fixar ou progredir. Mas não tive nenhum sentimento de vitória sobre ele..."

"Nenhunzinho?", pergunto.

"[Ri.] Um pouquinho, talvez. Mas senti, sobretudo, pena dele, e só me passava pela cabeça: 'Olha só do que eu consegui escapar!'"

"Pois é!", disse eu.

"É. [...] Dessa vez, conversei muito sobre nossa infância com meu irmão. Ele me disse que sabia que era tratado com privilégios, mas que no fundo ele não gostava disso. Sentia como um peso. Na verdade, ele parecia muito contente que eu tivesse tido sucesso e cuidado bem de minha vida. Pelo menos eu" – diz isso com alguma emoção na voz.

Depois de discorrer longamente sobre a boa sensação que teve ao reencontrar o irmão, R. passa a falar das dificuldades que sentiu no contato com a mãe.

"Eu percebi que, no fundo mesmo, eu não desejava falar com ela. Que já não adiantava mais."

"Olha só!", exclamo.

"É verdade. Eu sentia claramente o mal que ela me fez e que, de certa forma, ainda faz. Achava que, no fundo, já não tinha mais nada a dizer a ela. Que tudo de importante que poderia ter acontecido entre nós dois, na verdade já aconteceu há muito tempo, já deixou as suas marcas e que agora o que me resta é me virar com elas, seguir minha vida. Meu irmão insistiu que eu deveria conversar com ela, tentar me reaproximar, mas eu o interrompi imediatamente. Eu disse a Roberto que se ele insistisse em me aproximar dela, isso não teria nenhum resultado e que terminaria apenas por nos afastar um do outro."

Rui prossegue dizendo que, a certa altura do encontro, a mãe perguntou se ele desejaria levar consigo algumas fotos de sua infância.

"Eu disse que não! De minha infância só tenho más recordações, o pai alcoolista, o desprezo, o sentimento de inferioridade. Minha infância foi uma *tramoia*, quer dizer, uma tra*gédia*" – fala rapidamente, tentando corrigir seu lapso.

"Então sua infância foi uma *tra*moia?..."

"Foi um mau-*tra*to! A verdade é que eu fui um moleque **maltratado**. Eu me lembro quando eu era muito pequeno, que ela me deixava todo sujo, só para mostrar que não cuidava de mim, que não se importava comigo."

"Como assim?"

"Eu não era só desprezado: eu era ativamente maltratado!", insiste R. "Eu nunca tive certidão de batismo, não tinha sequer atestado de vacina! Ela nunca foi a uma única reunião de minha escola!", diz R., irritado e emocionado.

Prossegue muito mobilizado afetivamente:

"Minha mãe deve ter tido um *tra*uma muito grande para ter tido tanto ódio de mim!"

"Ódio", repito, fazendo eco a seu dito.

"Só pode ter sido..."

Parecendo fazer um esforço de rememoração, continua:

"Quando eu era pequeno, ela dizia que só ficou com meu pai porque ficou grávida de mim. Ela já tinha meu irmão. Meu pai já bebia muito, ficava muito perturbado. Ela tinha planos de se separar dele; ela ainda era moça e podia refazer sua vida. Mas acabou engravidando..."

Faz uma pausa. Fica em silêncio, parece tentar retomar o "fôlego emocional".

"Ela sempre me dizia que sacrificou tudo por mim. Agora eu entendo melhor o que ela queria dizer com isso, no fundo. Eu era a causa da infelicidade dela. O bode expiatório de sua insatisfação."

Nova pausa. Prossegue:

"Meu irmão fica querendo falar sobre isso, sobre nosso passado. Eu descobri que não quero! Não quero mais! Não adianta mais. Não com ela."

"Não com ela?", interrompo, sublinhando seu dito.

"Eu quero é me reencontrar comigo mesmo. Ela me odiava, descarregava todas as suas frust*ra*ções em mim. Eu era seu álibi perfeito! Ela nunca cuidou de mim. Ao contrário, ela tinha prazer em me desprezar, em me diminuir. Mas chegou um dia em que eu decidi que quem iria cuidar de mim seria eu mesmo. Que não precisava de mais ninguém! Que eu iria *tra*balhar e ter sucesso. Que eu iria conseguir sair daquela família louca, escapar daquele bairro maldito! E fui fazer minha vida. E consegui. Eu não preciso que ninguém cuide de mim!"

"Não?", perguntei.

[Silêncio] "Pois é. Há alguns dias eu dizia aqui mesmo que não suportava que minha mulher não cuidasse mais de mim..."

Silêncio. Chora pela primeira vez desde que iniciou a análise. Chora baixo, sofridamente, sem alarde.

Aguardo que seu choro se acalme um pouco e encerro a sessão. Acompanho-o até a porta. Nada digo. Ele nada diz. Toma o caminho correto do elevador.

Comentário de Alcimar Alves de Souza Lima

O devir como horizonte

> *Memória não é o passado*
> *é o presente passado a limpo*
> *em mergulho no furo do futuro.*

Começo este texto em que desconheço tanto o analista quanto o analisando, e neste contexto dou início à minha narrativa, na qual as questões sobre a transferência ocuparão um lugar basilar. Ela se dá sempre no forno tórrido, morno-aconchegante ou gelado do presente de uma sessão, e isso aponta para a dimensão do afeto e das palavras, das palavras afetadas. A complexidade das transferências começa por essa dimensão. Não é só linguagem como rede, nem somente pura emoção, mas um conjunto amplo que engloba múltiplas dimensões que vão das vivências ancestrais às vivências infantis, até o vivenciar cotidiano do analisando com todas as suas peculiaridades.

Essa trama constitutiva do sujeito em perene movimento bascula na análise articulada a uma outra trama que é a do analista. Nesse encontro-acontecimento a análise se dá, se constitui e produz vicissitudes.

Dito isso, me autorizo a falar, dentro dessa perspectiva da narrativa de um colega sobre um caso clínico que está em seus preâmbulos.

Esse analista também trabalha com o conceito de transferência, que é basilar para os que se ocupam deste campo. Porém, cada um o enfoca à sua maneira e isso, em vez de diluir o conceito e deixá-lo impreciso, enriquece-o.

Chama-me a atenção o início da narrativa. Ela começa com ações e movimentos: "levanta-se de pronto quase em sobressalto", "sorri, cortesmente, mas não consegue esconder a angústia em seu olhar". Das ações, passa para as emoções: "não consegue esconder a angústia em seu olhar, uma certa tristeza, um pedido de ajuda, que se esboça de maneira espontânea antes mesmo de ser formulado".

Todas essas ações/movimentos contidos nesse acontecimento é o que está propiciando o início dessa análise. É o seu devir. Como diz o analista: "se esboça de maneira espontânea, antes mesmo de ser formulado. Ele o seria em breve". Ou seja, as palavras ainda não chegaram ao analista, mas elas estão lá em potência, os afetos se mostram e uma direção transferencial está posta: o jogo começou.

Outro aspecto que aguçou a minha curiosidade é que o analista o nomeia de chofre como R., e com o decorrer da narrativa, R., que é uma letra, ganhará corpo/palavra/nome. Aparecerá o Rui irmão do Roberto. Os erres começam a aparecer. A letra ganha consistência e corpo. R. é Rui. O analista começa a viver uma intimidade transferencial. Os vínculos aparecem.

Esse corpo pulsional do analisando surge: "tem a fronte levemente suada", "traz canetas no bolso da camisa e um porta-celulares no cinto da calça. Carrega ainda uma pasta tipo executivo".

Logo após, já no consultório, o analisando começa a tirar, a se desvestir dos "apetrechos" – aparece o TR.

A primeira fala do analisando diz respeito à depressão, que é um diagnóstico, portanto, uma palavra muito ampla que não esclarece muito bem o que ele está sentindo ou atravessando naquele momento de sua vida. Logo após, ele precisa um pouco mais o que está se passando com ele, "não sente ânimo para o trabalho, tudo lhe parece vazio e sem sentido".

Aqui quero ressaltar algo sobre a palavra "vazio" que ele utiliza. Esta palavra possui duas conotações: a primeira remete a um vácuo, total ausência. A segunda remete a potencialidades, ou seja, concebe-se um vazio espaço de flutuações, portanto um espaço de potência, um espaço potencial que pode gerar formas. Prefiro, para minhas elaborações, a segunda opção.

Caminhando nessa direção, a sua chegada para a primeira sessão é repleta de movimentos, bastante diferente de sua primeira fala sobre a "depressão", em que relata que tem enormes dificuldades de sair da cama. Temos uma fala desvitalizada e uma chegada com movimentação.

Seu desejo manifesto de procura da análise é que esta o fortaleça e evite que ele perca o emprego. Ele quer, transferencialmente, que o analista o nutra para que ele volte a ter condições que já possuíra, ou seja, ele quer recuperar a potência pelo trabalho. Essa potencialidade já havia desabrochado antes da procura pela análise. Manifestamente, ele quer conseguir algo que já possuiu e acredita estar perdendo. Essa é a angústia manifesta.

Fala de um pai muito deficitário, alcoolista, do qual tinha vergonha, pois, de tanto beber, foi parar na sarjeta. Esse pai batia na mãe e também nos filhos. Gritava muito, era um pai que utilizava suas intensidades afetivas nas auto e alodestruições. A mãe e os meninos ficavam completamente submetidos.

Subitamente, surge a potencialidade materna de forma exuberante. Coloca o pai na rua, pede o divórcio. O pai nunca mais voltou e logo depois faleceu. O analisando, até essa altura chamado de R., descreve a mãe como dura e forte. A partir de sua separação nunca mais se casou e não teve nenhum companheiro. A pergunta que fica no ar é sobre a sexualidade da mãe, que fatalmente aparecerá deslocada para esses dois filhos, Roberto e o até então, no relato, R.

Roberto – o predileto, o inteligente, o bom filho que iria dar certo na vida.

R. – burro, incompetente, estorvo, que nunca iria dar certo na vida.

A forma semântica com que o analista descreve os irmãos Roberto e R. suscita minha curiosidade. Roberto tem um nome. R. tem uma letra. Roberto é designado como o inteligente, o bom filho. Nota-se que são utilizados os artigos definidos. R. é burro e estorvo. Os substantivos vêm de forma concreta e não se usam artigos definidos nem indefinidos. A letra R não marca um lugar. Roberto é um nome definido, portanto ocupa um lugar.

Acredito que Roberto/R. são expressões de cisões da mãe. Os últimos qualificativos que a mãe impõe aos filhos também são muito significativos das formas verbais utilizadas. Para Roberto, "iria dar certo na vida". Esse tempo verbal indica uma possibilidade sem nenhuma garantia. Para R., a mãe designa um tempo verbal assertivo: "Nunca vai dar certo na vida". É um imperativo categórico. Manifestamente, ela diz: "ele vai fracassar". Porém, se pensarmos no conteúdo latente, a situação é bem outra. "Nunca" é igual a "não", e "não" é uma negativa. Ou seja, o desejo inconsciente da mãe aponta para R., que até agora é uma letra, a seguinte proposição: "vai dar certo na vida" (para o inconsciente as negativas são lidas como afirmações). Mas aí mora todo o problema. R. é sujeito indefinido. R., seguindo o texto do analista, ainda não tem nome. R. é uma certeza de sucesso para a mãe em suas tramas inconscientes, que nem ela própria consegue traçar. R. é expressão de tudo *isso*. Roberto e R. são lados de uma mesma moeda. R., por ser marcado neste lugar de positividade do desejo materno, consegue, aos 19 anos, casar-se. R. acredita que esse feito é mérito seu. Porém, ele não tem uma subjetividade constituída. Ele ainda é uma letra do desejo materno. O que R. chama de "paradoxo de sua vida", na realidade, é uma realização do desejo materno. O que ele não percebe é o seu falso-*self* em atividade.

"Do nada" mergulhou em uma profunda depressão. Obviamente, não foi do nada. Mas também não foi de um vazio que ele afundou nessa depressão. R. afundou-se num vazio. Mas esse vazio não é um nada, e acredito que ele precisa caminhar em uma relação transferencial e construir/constituir uma narrativa que sustente o seu edifício tão trincado por esse ambiente familiar e sociocultural.

Eis que surge Rui: nesse momento da sessão, Rui diz: "Eu não quero ficar falando da minha mãe. Isso já está superado". Pela primeira vez, o analista o subjetiva com o nome Rui. Ele não é mais a letra R. Acredito que no exato momento em que o analista o subjetiva, é nesse momento que ele, Rui, perde o rumo. Não tem forças para sustentar essa nomeação.

Na próxima sessão, Rui começa a ganhar formas paternas. Agora já tem um nome e pode sair um pouco da esfera materna. Mas o que surge é a vontade de beber, a grande marca do seu pai, e isso levanta uma grande angústia.

Concomitantemente a tudo isso, sua mulher começa a se descobrir fora de casa, começa a trabalhar e a se desgrudar dele, e essa situação favorece o estopim das angústias atuais.

Quando recorda que a esposa teria dito "que não suportava mais aquilo", é a imago materna maciça que despenca sobre ele. Acredito que o grande passo dado por ele em transferência é que esse acontecimento é o desencadeante dos primeiros episódios depressivos de dez anos antes.

No momento em que a esposa começa a manifestar desejo de ter uma loja, algo diferente de ficar em casa mandando em tudo e em todos, nesse seu momento de libertação surge a depressão de Rui, "a casa está abandonada". Ele não suporta a sua subjetivação.

Na sessão seguinte Rui diz: "E não consigo nem conversar sobre *isso* com minha esposa, que tem agora suas próprias preocupações de trabalho e que prefere falar de suas próprias sobrecargas a cuidar das minhas".

Nesse momento, a esposa sai do lugar materno e ocupa um lugar diferente. Rompe-se a ligação mãe/filho. Rompe-se a célula narcísica.

Nesse momento aparecem os questionamentos, os enigmas de Rui. O analista propõe uma mudança no enquadre e sugere o divã, que é aceito por ele.

Primeira sessão no divã:

Não estou dizendo que o analista ora o chama de R., ora de Rui. R. e Rui são citações literais do texto.

Para o analista, some o Rui e surge a letra R novamente em sua descrição. No divã o assunto da história infantil outra vez vem à baila, e surge a questão de uma visita ao passado, ao bairro, à casa, à mãe e ao irmão. Acredita sintomaticamente que vai encontrar tudo do jeito que deixou. Daí sua angústia. Porém, essa volta não é uma volta. É uma ida. Depois de várias sessões, resolve realizar a visita ao "passado". Rui estava bem melhor. (Rui sou eu que digo. O analista continua a denominá-lo pela letra R.)

Acredito que o medo que sentia de que seu estado se deteriorasse com aquela visita devia-se à ativação de suas redes desejantes em relação à mãe. Essas redes ainda continham elementos sexualizados dele em relação à mãe.

O reconhecimento de que o pai, que teve uma vida muito difícil, nunca conseguiu ser marido para sua mãe e muito menos pai para ele é a causa de sua angústia. É isso que está em jogo nesta visita.

Enfim, ele e sua esposa rumam para esse hediondo lugar.

Na sessão seguinte, tão aguardada por ele e pelo analista, a sessão que constitui o ponto central deste relato, "um verdadeiro *turning point*", de início não aparece nenhuma novidade. Mas logo depois pulsa a sessão. O assunto é sobre o f**R**acasso do irmão.

Retornarei ao ponto:

Sua mãe dizia: Roberto – "o bom filho que iria dar certo". Ela tinha dúvidas, por isso o uso desse tempo verbal.

Quanto a Rui – nunca vai dar certo na vida. O "nunca" como negativa mostra o desejo inconsciente da mãe de que ele dê certo na vida.

Rui diz que Roberto acabou se "fe**RR**ando" na vida.

Chamaram-me a atenção as sonoridades poéticas conotativas das letras **TR** contidas em: **tr**amoia, **tr**agédia, mal**tr**ato e mal**tr**atado.

O analista também percebeu isso, pois colocou-as em negrito.

Poeticamente os sons com R e TR exprimem aspereza, rudeza e muita agressividade: TRRRR...

O nome de ambos tem R. Outro sentido é que "tramoia" também significa "artifício". Essa palavra igualmente se desdobra em "sutileza e astúcia para enganar". Esse é o lugar que a mãe ocupou para ele em sua infância. É o preferido da mãe. Porém, a sexualidade da mãe se manifestava regredidamente como ódio, mais precisamente em uma posição sádica em relação a ele. Acredito que o grande medo, a angústia de Rui, é entrar em contato com essa mãe interiorizada que é uma parte dele mesmo, da qual não consegue fugir. Daí a grande angústia. Na crise, trata-se a si mesmo como a mãe o tratava na infância. Isto se dá no devir dessa análise.

No mergulho do futuro no qual também mora o presente existe muito sadismo. Acredito que esse é o seu grande medo em prosseguir a análise.

Acredito que essa análise será muito intensa, pois tudo nela aponta para transbordamentos, essa mãe *trrrágica*, o pai distante, muito agressivo e inadequado no contato com os familiares, o bairro simples em que ele viveu; enfim, todo o seu universo cultural, tanto o da infância quanto o de agora, que no fundo o compõem, habitarão as sessões que estão por vir.

Comentário de Marion Minerbo

Agradeço o gentil convite da revista *Percurso* para participar de uma conversa interinstitucional sobre a clínica. Como estrangeira, espero contribuir com uma visão diferente, e, como semelhante, compartilhar questões com que se defronta todo psicanalista.

O material clínico que me cabe discutir é sobre o período inicial de uma análise. Um analisando, R., procura análise em função de uma nova "crise depressiva". Está sem ânimo para nada, o que vem prejudicando seu trabalho. Há algumas informações sobre a infância: o pai alcoolista morre cedo, a mãe o maltratava e preferia descaradamente o irmão. Um casamento aos 19 anos o salva dessa infelicidade e parece preenchê-lo completamente.

Os fragmentos apresentados nos dão uma boa ideia da relação de R. com a mãe, com quem rompeu há quinze anos. As associações conduzem ao que parece ter deflagrado esse episódio depressivo: sua mulher abriu uma loja e agora tem suas próprias preocupações, tornando-se menos disponível para ele. R. supõe que seu estado atual tem algo a ver com o passado e decide fazer um "retorno às origens". Na sessão central deste relato, R. fala do reencontro com o irmão e a mãe.

Meu colega, certamente um profissional experiente, conduz o trabalho de forma impecável: escuta sensível, presença firme e intervenções discretas. Como num balé, o analisando corresponde e também trabalha intensamente.

Ao ler o material, minha primeira impressão foi a de estar diante de uma excelente amostra de trabalho clássico – aquele que tem como modelo clínico e paradigma o proposto por Freud na *Interpretação dos sonhos* (1900/1980). A história vivida foi representada, de forma que o analista pode trabalhar tranquilamente com o retorno do recalcado. Há um paciente capaz de associar e rememorar situações penosas. O analista trabalha *per via de levare*, pontuando certos elementos do discurso, lapsos e outras formações do inconsciente. Sustenta, transferencialmente, o trabalho de perlaboração realizado por um sujeito já constituído e capaz de se responsabilizar por seus impulsos e desejos. Estamos em terreno predominantemente neurótico.

A uma segunda leitura, nova impressão foi se formando. Embora R. pareça estar rememorando situações penosas, sua perturbação é tão intensa e "fresca" que as cenas relatadas poderiam ter acontecido ontem. Sua movimentação corporal (*arqueia-se sobre o divã, como num espasmo*) sugere, mais do que uma rememoração, uma experiência de caráter alucinatório. Isso significa que a cena descrita está sendo vivida com toda a carga de atualidade, e não como representação de acontecimentos passados – e muito menos como realização alucinatória do desejo. Afetos ainda em estado bruto falam a favor de uma pulsionalidade ainda não ligada, isto é, de uma manifestação do Isso. A gravidade do atual *desmoronamento narcísico* – apresentado como um novo episódio depressivo – me fez pensar no colapso de um Eu mal constituído.

Essa segunda leitura me afastou do Freud da *Interpretação dos sonhos* e me conduziu ao texto *A divisão do eu no processo de defesa* (1938/1980). Neste, o autor sustenta que o Eu sobrevive ao trauma graças a um tipo específico de defesa, as clivagens internas, o que produz uma deformação do Eu que torna o trabalho analítico particularmente difícil. Estamos, naturalmente, no contexto teórico ligado à segunda tópica. Como sabemos, as então denominadas neuroses narcísicas – refratárias a um trabalho clínico pautado pela injunção de *tornar consciente o inconsciente* – levaram Freud a se debruçar sobre a constituição do Eu-sujeito. Tal problemática o leva a pautar o trabalho analítico pela fórmula *onde estava o Isso, advenha o Eu*. Citando Donnet, Roussillon (2001) propõe: "onde estava o isso e o supereu, advenha o eu" – querendo dizer com isso que o Eu se constitui conquistando terreno tanto sobre o inconsciente pulsional quanto do Supereu, instâncias que são psíquicas, mas não estão subjetivadas.

Em *Construções em análise* (1937/1980) Freud reconhece que na clínica do trauma outra forma de trabalhar se torna necessária. A *imaginação* do analista – Bion usa o termo *rêverie* – entra em cena. Ele é convocado como outro-sujeito, pois o paciente não pode realizar sozinho o trabalho de rememoração e/ou de ressignificação de algo que nunca foi consciente, nem significado.

Como se vê, abre-se uma discussão que está longe de ser meramente acadêmica, pois estão em jogo duas formas de presença do analista radicalmente diferentes entre si. Na primeira ele se mantém em reserva, trabalha *per via de levare*, funcionando mais como um parteiro. Na segunda, ele está mais implicado e entra com sua própria subjetividade, numa postura em que se trabalha também *per via de porre*. Na clínica, as duas formas de presença se alternam e se suplementam (Figueiredo, 2009).

Assim, depois da minha segunda leitura, percebi que o conjunto do material funcionava como um "significante" ao qual poderiam ser atribuídos "significados" bem diferentes, conforme fosse lido no contexto pré ou pós-1920. Essa indeterminação é comum em inícios de análise, especialmente durante a "lua de mel analítica". Dependemos inteiramente de tentativa e erro para ir descobrindo em que terreno estamos pisando. Diante disso, resolvi elaborar meu comentário sobre o material clínico desenvolvendo as duas linhas de pensamento acima esboçadas para, com base nelas, imaginar os caminhos que essa análise poderia tomar.

Na primeira linha de pensamento, que parece ser também, em grande medida, a do colega, o analisando enfrenta resistências, mas, sustentado pela transferência, é capaz de rememorar cenas de sua história. A intensidade emocional do relato é entendida como forma de ab-reação dos afetos estrangulados (*quando R. se referia mais diretamente à mãe era tomado de grande emoção. Em certos momentos ficava tão perturbado e comovido que seu corpo chegava a arquear-se espontaneamente sobre o divã, como num espasmo*). Elementos inconscientes, recalcados, tornam-se, aos poucos, conscientes. O paciente está, por assim dizer, "funcionando" em primeira tópica.

Em coerência com este referencial, temos que supor duas coisas: que esse funcionamento psíquico é regido pelo princípio do prazer; e que as experiências recalcadas são da ordem da sexualidade infantil. E, de fato, o analista parece atribuir ao significante *cuidar* (*a mãe não cuidou dele*; *a esposa começou a trabalhar e parou de cuidar das coisas dele*) o sentido de *gratificar um desejo*. Minha suposição se baseia na intervenção dele, logo depois que R. diz: "*ela [a esposa] agora tem suas próprias preocupações de trabalho e prefere falar de suas próprias sobrecargas a cuidar das minhas*". O analista confronta o analisando em sua expectativa de que cabe à esposa cuidar dele ("*Cuidar de suas sobrecargas? Ela?*"). E deixa implícito que este ocupa uma posição subjetiva infantil, na medida em que não quer se responsabilizar por um trabalho que cabe a ele, enquanto sujeito de *suas próprias "sobrecargas"*.

Nesse sentido, a fala do analista se dirige à criança edipiana, que continua em busca do prazer ao qual não foi capaz de renunciar. Está implícita a teoria de que o ressentimento do paciente com relação à esposa tem a ver com renúncias e lutos que não puderam ser realizados. Na escuta do analista, R. estaria ressentido porque a esposa *não cuida mais dele*, isto é, não o gratifica como fazia antes.

Nesta primeira linha de pensamento, a fala do analista *"Cuidar de suas sobrecargas? Ela?"* leva o analisando a perceber que a esposa não está lá para gratificar todos os seus desejos. Bem-sucedida, a intervenção leva R. a fazer uma espécie de *mea culpa edipiana*: fica um tanto desconcertado, sorri e diz: *"Seria bom, né?"*.

Uma segunda linha de pensamento se abre se atribuirmos ao significante *cuidar* não o sentido de gratificar desejos edipianos, mas o de *atender a necessidades básicas do Eu* – aquelas que *precisam* ser atendidas para que o Eu possa se constituir. Baseio-me, para uma nova leitura do material clínico, nos pressupostos teóricos que se seguem.

Ao contrário das gratificações libidinais, que, junto com as inevitáveis frustrações, são necessárias à constituição do desejo, o não atendimento das necessidades do Eu *não configura a falta, mas o trauma precoce*. Roussillon (1999) o relaciona com as dificuldades na constituição do Eu, isto é, com as clivagens no Eu (Freud, 1938/1980) que se manifestam clinicamente como sofrimento narcísico-identitário.[2] Os sintomas que trouxeram R. para a análise podem perfeitamente ser pensados também nessa linha, isto é, como

---

2 Essa definição positiva e metapsicológica substitui com vantagem o termo excessivamente amplo de "não neurose" dado por André Green (2002) – e que usei no meu livro *Neurose e não neurose* (2013).

efeito da desorganização do Eu ligada à ruptura do para-excitação em função da reapresentação da situação traumática.

Isso nos leva a *Além do princípio do prazer* (1920/1980). Nesse texto, Freud propõe uma segunda forma de compreender o trauma. Já não é, como na neurose, um ataque pulsional que vem de dentro, isto é, da sexualidade infantil – algo que, por pertencer ao próprio sujeito, é de sua inteira responsabilidade –, mas o resultado da ruptura do para-excitação em função de algo que ataca o sujeito de fora. Esse algo, que por definição é sempre excessivo frente às capacidades de ligação do sujeito, provém do objeto entendido como outro-sujeito. Nesse sentido, é ele, o objeto, que não consegue se responsabilizar por suas pulsões em estado de desligamento, que podem então atacar o Eu da criança.

Ainda nesse texto, como todos se lembram, Freud diz também que alguém precisa trocar o meio de cultura para que a vesícula viva não morra intoxicada em seus próprios dejetos. Esse modelo traz implícitas referências tanto a necessidades básicas do psiquismo que precisam ser atendidas como à qualidade das respostas do objeto no atendimento a essas necessidades. O importante nisso tudo é que o Eu se constitui no seio de relações intersubjetivas que podem ser mais, ou menos, adequadas ao atendimento de necessidades narcísicas básicas. Percebe-se como as dificuldades na constituição do Eu estão relacionadas a zonas de traumatismo primário.

Essas ideias irão sustentar minha segunda leitura do material clínico, cujo ponto de partida, como foi anunciado anteriormente, é um outro sentido que pode ser atribuído ao significante *cuidar*. Não um *cuidar* das gratificações libidinais, mas um *cuidar* das necessidades do Eu em seu processo de subjetivação.

O analisando conta que *não apenas não foi cuidado, mas também maltratado*; *a mãe só tinha olhos para o irmão* etc. Segundo o relato, R. não teria sido excluído de uma cena primária, em que o irmão seria a representação do terceiro elemento no édipo, e sim sumariamente expulso do espaço psíquico materno. No lugar de uma exclusão necessária e constitutiva, a expulsão configura uma situação traumática – desorganizadora do sujeito em constituição.

Embora essas informações sejam importantes, não é nelas que baseio meu pensamento clínico, mas na atualização das marcas psíquicas inconscientes deixadas pela história emocional: a transferência. Não necessariamente a transferência com o analista, mas, num primeiro momento, a transferência lateral com a esposa. Retomo o material clínico sob essa perspectiva.

> *R. se casa aos 19 anos com uma mulher dois anos mais velha, e desde então sua vida mudou. O casamento é seu porto seguro, prefere as atividades em casa a qualquer forma de badalação social. Os episódios depressivos se iniciaram há dez anos devido a uma crise no casamento.* "Temi que ela fosse embora. Lá em casa sempre foi ela que cuidava de tudo. Ela mandava em mim e na minha filha, e tudo acabava correndo muito bem. Agora que está trabalhando as coisas não funcionam, a casa parece meio abandonada. Não consigo falar de minhas dificuldades com ela, que tem agora suas próprias preocupações de trabalho e prefere falar de suas próprias sobrecargas a cuidar das minhas. Não suporto que não cuide mais de mim como fazia antes".

O material sugere que R. estabeleceu uma relação dual com a esposa (*o que mais gosta é de ficar em casa com ela*). Ela representa o objeto encarregado de realizar funções psíquicas importantes para a sobrevivência do Eu ("*é meu porto seguro, cuidava de tudo, temi que fosse embora*"). A posição subjetiva de R. é de dependência absoluta, como uma criança de, digamos, 2 ou 3 anos de idade ("*mandava em mim e na minha filha, e tudo corria bem*"). O terceiro da configuração edipiana é reconhecido, mas mantido a distância/ excluído (*não sentia necessidade de vida social, não há menção à filha como terceiro investido por ele*).

Além disso, a angústia de R. com relação à ausência da mulher ("*as coisas não funcionam mais, a casa parece meio abandonada*") sugere que a constituição do símbolo "ausência" foi problemática. Na situação edipiana comum, "ausência do objeto de amor aqui" significa "sua presença lá", tendo prazer com o terceiro. É isso que gera ciúme e frustração. Mas, no caso de R., a "presença lá" não é vivida como uma frustração temporária, como um limite que a vida impõe a todos nós. Ao contrário, a ausência da esposa equivale a "*deixei de existir para ela*". Sendo que, como vimos, a presença concreta do objeto de transferência lateral ainda é vivida como absolutamente necessária. Por isso, sua ausência é vivida pelo Eu como *ameaça de morte*.

Nessa configuração subjetiva, enquanto a esposa está presente (e o terceiro, ausente) cumprindo funções psíquicas necessárias à sobrevivência do Eu, este fica relativamente integrado. Enquanto ela funciona como prótese, a fragilidade do Eu não aparece. No entanto, na ausência desse objeto narcisicamente investido que funciona como um prolongamento de si, o Eu se desorganiza completamente. É uma forma de compreender, metapsicologicamente, os sintomas que trouxeram R. para a análise.

O importante, aqui, é que quando a mulher abre uma loja e passa a investir no "rival", a zona traumática é reativada. A cena atual é lida e interpretada a partir do infantil, ou, melhor, do arcaico (antes da aquisição da linguagem). Se tivesse palavras para tanto, R. diria algo como: "*meu objeto primário não é capaz de se relacionar com dois objetos ao mesmo tempo, eu e o meu rival. Quando escolhe meu rival, sou remetido ao nada, o que equivale, para mim, a uma sentença de morte. É por isso que estou desesperado*".

Nessa segunda linha de pensamento, não é suficiente que o analista sustente a transferência, trabalhando como intérprete ou parteiro. Além disso, precisa também se posicionar no aqui e agora do campo transferencial-contratransferencial de forma sintônica e empática com a angústia do analisando. Explico.

Quando o paciente diz que não suporta que a esposa não cuide mais dele como fazia antes, sua experiência subjetiva não parece ser a de um menino mimado querendo o amor absoluto da mãe, e sim a de uma criança pequena, aterrorizada ante a perspectiva de ser abandonado pela fonte de vida. Isso nos ajuda a entender que R. não seja capaz de ler a situação como: "*ela só tem olhos para o trabalho, como vou lidar com essa situação que me frustra e me desagrada?*". Esta seria a posição de um sujeito em condições de fazer escolhas, elaborando os lutos necessários – um eu-sujeito capaz de negociar com a mulher, de encontrar outros interesses enquanto o objeto está ocupado com seu terceiro, de contratar alguém para cuidar da casa, ou, ainda, decidir que esse tipo de relação não lhe convém. Um sujeito que venha a ser capaz de fazer escolhas como essas ainda deve advir.

Tudo indica, ao contrário, que R. faz outra leitura da situação. Algo como: "*ela só tem olhos para o trabalho, não existo mais para ela, minha vida está em risco*". É por isso que ele se *retraumatiza* e se desorganiza psiquicamente (*não consegue mais trabalhar* etc.). Como num parto difícil, o Eu-sujeito não advém, está encruado – é isso o sofrimento narcísico-identitário –, e ele vem para análise para que alguém ajude este Eu-sujeito a nascer. Percebe-se que não adianta pedir a este protossujeito que faça escolhas, ou deixe de ter expectativas messiânicas que ninguém poderá cumprir.

Se esse pensamento estiver correto, pode ser importante que o analista sinalize de alguma forma que o sofrimento da criança-retraumatizada-no-adulto faz todo o sentido, ao contrário do que ele mesmo pensa (*"Não suporto que ela não cuide mais de mim como fazia antes. Mas, no fundo, isso não faz sentido"*). Não se trata de "passar a mão na cabeça" do analisando, mas de funcionar como *testemunha do trauma*, isto é, como um terceiro que não o deixa entregue, sozinho, novamente, à situação de agonia – que agora se atualiza na relação com a esposa.

Dito de outra forma, o que ele diz sobre sua relação com a esposa está sendo entendido como a representação possível do trauma precoce, este irrecuperável. Para R., a esposa o trocou pela loja. Em vez de questionar essa percepção, o analista diz/faz no campo transferencial-contratransferencial o que a figura paterna não pôde dizer/fazer: dar sentido, e legitimar, o sofrimento da criança-traumatizada-em-R. A intervenção tentaria se dirigir simultaneamente ao atual e ao infantil: *"se ela é tudo para você, posso entender que esteja se sentindo tão perdido"*.

Nessa linha de pensamento, sinalizar à (suposta) criança "mimada" que a castração é inevitável, no melhor dos casos, não faz sentido. No pior, equivale a um novo abandono (*"não se importava comigo"*). Ou a uma nova desistência do contato (*desistiu de fazer-se reconhecer por ela*). Sobretudo, é preciso estar atento porque, segundo suas próprias palavras, ele pode *ficar com vergonha de ser ele, e se resignar à timidez e ao silêncio* – única "opção" de quem não está em condições de contradizer o analista, vivido na transferência como mãe fálica (*analista/esposa que manda nele e toma conta de tudo*). Nesse caso, a resposta do analisando (*fica desconcertado, sorri e diz: "Seria bom, né?"*) teria que ser entendida como recuo tímido e dócil, como resignação envergonhada diante de uma exigência (*renunciar ao desejo edipiano*) que ele não está em condições de atender.

Como já disse, acho que ainda temos poucos elementos para saber se essa resposta mostra que o analisando foi desalojado, ainda que temporariamente, de sua posição subjetiva infantil, confirmando a primeira linha de pensamento. Ou se foi a resposta de um Eu fragilizado que se submeteu passivamente ao analista, apesar de todas as precauções para não funcionar como máquina de influenciar – afinal, como sabemos, a transferência acontece a despeito de nossas boas intenções.

Finalizo meu comentário com o prometido exercício lúdico de imaginação analítica: o que esperar depois da "lua de mel"?

Se a primeira linha de pensamento estiver correta, o trabalho de rememoração e de ressignificação de sua história prosseguirá sem grandes sobressaltos, como vem acontecendo. Temos um bom exemplo da efetividade desse trabalho quando a representação da mãe como "*a louca que tinha ódio de mim e queria me matar*" se transforma em "*ela deve ter tido um trauma muito grande para ter tido tanto ódio de mim!*". E também quando o analisando percebe que o irmão não deu em nada, e que ele próprio, por ter sido preterido, escapou de se tornar um apêndice da mãe.

Da mesma forma, a ab-reação de emoções penosas estranguladas vai dando lugar a afetos mais matizados. Temos um excelente exemplo disso no fim de uma sessão, quando *ele chora pela primeira vez desde que começou a análise, chora baixo, sofridamente, sem alarde.*

É possível que R. acabe atravessando o Édipo, o que se manifestará clinicamente como capacidade de tolerar a exclusão da cena primária, e como aceitação do terceiro objeto (*o trabalho da esposa*). O trabalho da esposa acabará sendo ressignificado como mera frustração, e não como expulsão/ameaça à sua sobrevivência. Ele mesmo se tornará capaz de deslocamentos, o que se manifestará como capacidade de desenvolver novos interesses para além da vida doméstica. O analista poderá continuar em seu trabalho clássico, conduzindo o processo discretamente, atento à emergência de novas formações do inconsciente recalcado, e sustentando o processo de associação livre.

Mas se a segunda linha estiver correta, é possível que, mais cedo ou mais tarde, o analista seja convocado a fazer mais do que isso. O trabalho começará a exigir, além de paciência, imaginação e criatividade. E isso pela boa razão de que, quando o Eu é "deformado" por defesas contra o trauma precoce, temos de lidar com clivagens no Eu (Freud, 1938/1980).

Assim, depois de algum tempo, o analista pode ser levado a desconfiar de que a repetição do tema "mãe louca/filicida" tem valor defensivo. Por exemplo, esse tipo de discurso poderia estar funcionando como uma rede que o impede de despencar no vazio, numa espécie de "auto-*holding*". Ou, então, como um escudo que o defende do confronto direto com a esposa, nova representação da figura materna. Hoje, é com ela que a luta é para valer, é dela que ele tem medo, é com ela que a luta é impossível. É nessa nova arena que ele não vê saída, e é isso que o melancoliza.

Desconstruir a representação dessa figura será, certamente, um processo árduo, durante o qual não se poderá evitar passar pela repetição e elaboração da transferência narcísica. Esta será necessariamente *negativa* – isto é, bem mais próxima do incêndio que destrói o teatro do que da representação do incêndio no palco (Freud, 1914/1980) –, pois são questões de vida ou morte do Eu que estão em jogo, e que se atualizam na relação com o analista (Minerbo, 2012).

Quando esse tipo de transferência se estabelece, a contratransferência é intensamente solicitada, ao contrário do que acontece com a transferência neurótica. Pode acontecer de o analista (ou a própria análise) se ver transformado numa prótese psíquica, caso em que sentirá que perdeu sua liberdade de movimento. Ou então, se insistir em ter vida própria, dizendo aquilo que lhe ocorre e não aquilo que o analisando exige, poderá ser francamente hostilizado.

Não é improvável que ele venha a sentir medo e/ou ódio do analisando, pois este certamente está, em algum nível, identificado com a mãe "louca/filicida". Nesse caso, o analista estará vivendo em sua própria pele afetos em estado bruto que têm a ver com sua identificação com a criança-em-R. Ao perceber isso, poderá criar junto com seu analisando uma narrativa sobre o trauma precoce a partir da cena que se repete no aqui e agora.

Como se vê, ao lado da escuta dos elementos verbais, o analista terá de dar atenção especial tanto à eventual *função* da fala do analisando quanto aos elementos *não verbais*: a atmosfera afetiva e a comunicação subterrânea que passa mais pelo corpo do que pela escuta (Pereira Leite, 2005). A comunicação das experiências primitivas, pré-verbais, envolve os níveis em que a pulsão se manifesta por outras vias que não a representação (Roussillon, 2008).

Não podemos descartar, também, que o próprio analista venha a ser vivido projetivamente como "louco e filicida". Ou ainda pior: em vez de ser vivido como tal, ele poderá ser convocado, pelo que Klein (1946/1978) chamou de identificação projetiva exitosa, a se identificar efetivamente com um objeto primário "louco e filicida" projetado para dentro dele. Eliana Borges Pereira Leite (2005) faz uma analogia entre o trabalho do analista e do ator e diz que, à diferença deste último, o primeiro é convocado para participar de uma cena cujo *script* desconhece, e que é dado pela transferência.

Nesse papel, viverá contratransferencialmente a estranheza de ser habitado e colonizado por elementos não integrados do mundo interno do analisando. No campo intersubjetivo assim constituído ele será levado a dizer e fazer coisas que normalmente não diria e não faria com outro paciente. Coisas que, naturalmente, iriam, num primeiro momento, retraumatizar o analisando e perpetuar a repetição sintomática. Ao reconhecer sua identificação com esse objeto, o analista poderia ir construindo um sentido para a cena, deslocando-se dessa posição.

Tudo isso exigiria da parte do analista um penoso trabalho – íntimo, ou em conversa com um colega – de elaboração da contratransferência. A transferência das marcas inconscientes deixadas pelo trauma precoce sempre cobra de nós um preço alto em termos de trabalho psíquico. Com todas as nossas semelhanças e diferenças institucionais, é o preço que nos propomos a pagar quando ocupamos a poltrona atrás do divã.

Referências

Figueiredo, L. C. (2009). *Ética e técnica em psicanálise.* 2. ed. São Paulo: Escuta.

Freud, S. (1980). A interpretação dos sonhos. In S. Freud, *Edição Standard Brasileira das Obras Psicológicas Completas de Sigmund Freud* (Vol. 5). Trad. Jayme Salomão. Rio de Janeiro: Imago. (Trabalho originalmente publicado em 1900)

Freud, S. (1980). Observações sobre o amor transferencial. In S. Freud, *Edição Standard Brasileira das Obras Psicológicas Completas de Sigmund Freud* (Vol. 12). Rio de Janeiro: Imago. (Trabalho originalmente publicado em 1914)

Freud, S. (1980). Além do princípio do prazer. In S. Freud, *Edição Standard Brasileira das Obras Psicológicas Completas de Sigmund Freud* (Vol. 18). Trad. Jayme Salomão. Rio de Janeiro: Imago. (Trabalho originalmente publicado em 1920)

Freud, S. (1980). Construções em análise. In S. Freud, *Edição Standard Brasileira das Obras Psicológicas Completas de Sigmund Freud* (Vol. 23). Trad. Jayme Salomão. Rio de Janeiro: Imago. (Trabalho originalmente publicado em 1937)

Freud, S. (1980). A divisão do ego no processo de defesa. In S. Freud, *Edição Standard Brasileira das Obras Psicológicas Completas de Sigmund Freud* (Vol. 23). Trad. Jayme Salomão. Rio de Janeiro: Imago. (Trabalho originalmente publicado em 1938)

Green, A. (2002). Idées directrices pour une psychanalyse contemporaine. Paris: PUF.

Klein, M. (1978). Notas sobre mecanismos esquizoides. In J. Riviere (org.), *Os progressos da psicanálise*. Trad. Álvaro Cabral. Rio de Janeiro: Zahar. (Trabalho originalmente publicado em 1946)

Minerbo, M. (2012). *Transferência e contratransferência*. São Paulo: Casa do Psicólogo.

Minerbo, M. (2013). *Neurose e não neurose*. São Paulo: Casa do Psicólogo.

Pereira Leite, E. B. (2005). *A escuta e o corpo do analista*. Tese (doutorado em psicologia clínica) – PUC-SP, São Paulo. Orientação de Renato Mezan.

Roussillon, R. (1999). *Agonie, clivage et symbolization*. Paris: PUF.

Roussillon, R. (2001). *Le plaisir et la répétition*. Paris: Dunod.

Roussillon, R. (2008). *Le jeu et l'entre-je(u)*. Paris: PUF.

Caso 3: O Caso Antônio[1]

Apresentador – David Léo Levisky

Comentadores – Christian Dunker e Flávio Carvalho Ferraz

Apresentação de David Léo Levisky

Sessões com Antônio – de outubro a setembro do ano seguinte

Fui procurado pelos pais de Antônio, rapaz de 15 anos, com a queixa de que ele havia mudado abruptamente de comportamento: desinteressara-se pela comida e teve perda significativa de peso, apresentava agressividade e retraimento social. Contrariado, descontrolava-se emocionalmente, ficando agitado, impulsivo, furioso, falando compulsivamente e arrancando os cabelos.

Contara para a mãe que era homossexual, segredo que ela conservara a pedido dele. Diante de seus comportamentos atuais ela

---

[1] Publicado na revista *Percurso, 53*, dez. 2014.

resolveu revelar o segredo para o marido. Após ter sido preterido pelo namorado, Antônio se mutilara, fazendo cortes nos braços. Numa discussão com o pai agrediu-o violentamente, entrando em forte luta corporal. Seu humor tem estado muito oscilante. Usa roupas surradas dos pais e avós. Antônio tem o mesmo nome do pai e é por eles chamado no diminutivo. Nega-se a assinar o sobrenome paterno. Preenche documentos escolares com o sobrenome da mãe.

Procuraram psiquiatra que diagnosticou uma depressão e sugeriu psicoterapia. Antônio melhorou com a medicação, mas agora se recusa a tomá-la.

O pai expõe o histórico do rapaz. A mãe ouve passivamente. Segundo o pai, os problemas começaram na escola quando o filho se recusou a acatar as normas do colégio ao ter suas expectativas frustradas numa das atividades curriculares de que mais gostava, atitude que motivou seu desligamento desse grupo de trabalho. Ficou inconformado, o que levou o pai a intervir junto à direção da escola. A situação foi contornada, e Antônio pôde reintegrar o grupo com certas restrições, não mais ocupando o papel de destaque que ocupara anteriormente. A produção escolar de Antônio é excelente. Está entre os melhores alunos da escola e foi agraciado com uma bolsa de estudos.

A mãe relata que Antônio assina os documentos escolares com o sobrenome estrangeiro da bisavó materna, pessoa com quem ele teve contato na infância e da qual guarda muitas recordações. Carinhosa com ele, mostrava-lhe objetos e roupas que guardava como relíquias da família. Ele gostava de vê-las e de ouvir as histórias que ela contava.

O pai acha que são problemas da adolescência, sem entrar na gênese desses processos. Com relação à homossexualidade, a mãe se coloca receptiva. Desde pequeno ele gostava de brinquedos femininos; sabia que essa era a tendência dele. O pai só foi se dar conta da situação recentemente, após a mãe quebrar o segredo.

Analista (A): Como o senhor recebeu a notícia?

Pai: Tudo bem. Se ele é assim, está bem. É meu filho. Gosto dele desse jeito mesmo. Acho que tudo não passa de questões da adolescência. Se ele for homossexual não me causará nenhum problema. Ele é meu filho. Gosto dele.

A: Isto não lhe causa nenhum sentimento?

Pai: Não. Para mim está tudo bem – (seco e curto).

A: Tomaram alguma iniciativa frente a sua preferência por brinquedos de menina?

Pai: Não.

A: Há uma dinâmica nitidamente distinta na relação entre mãe e filho e dele com o pai.

Eles nada acrescentam a este meu comentário.

A mãe diz que no início da vida escolar houve um período em que ele se negou a ir à escola. Consideraram que isso não tinha importância. Ele permaneceu meses sem retornar. Ficava aos cuidados dos avós maternos, com quem tinha e tem muita afinidade.

Mãe: É com eles que Toninho está morando. Ele se recusa a morar conosco. A situação se agravou após a briga. Vou visitá-lo com frequência e os encontros são muito afetivos. Ele se coloca bastante à vontade comigo. Nos últimos tempos, nos finais de semana, tem aceitado almoçar ou jantar conosco fora de casa e tudo corre bem.

Pareceu-me conveniente ver os pais novamente. Também havia dúvida se o rapaz, que não sabia que eles haviam me procurado, aceitaria vir falar comigo. Os pais ficaram de pensar. Ligaram para marcar novas entrevistas.

Tivemos mais dois encontros descritivos do comportamento de Antônio: chegado à mãe, com confiança e liberdade para conversarem. Eram muito amigos. Ela procurava atendê-lo na medida do possível. Desde pequeno ele tinha dificuldades para se relacionar com o pai, que tentava se aproximar dele sem êxito. As brincadeiras preferidas de Antônio eram bonecas, e a mãe não via problema algum em satisfazê-lo. Ficava horas brincando.

Nada é mencionado quanto aos sentimentos, medos, frustrações e desejos em relação ao filho.

Toninho é filho único do casal. O pai tem uma filha do primeiro casamento, dez anos mais velha. Ela vivia com a mãe e só recentemente veio morar com eles. Não observaram mudanças de comportamento de Antônio com a chegada da meia-irmã. Os irmãos não têm maior convivência, fato atribuído às diferenças de idade e de agenda. Não notaram interferências na dinâmica familiar, apenas do ponto de vista pragmático na distribuição dos quartos.

Sinalizo que tudo parece sempre correr bem, mas que não se consegue perceber o que estão sentindo. Sorriem e não comentam.

Terminado o encontro indago como gostariam de dar os próximos passos.

"Vamos pensar e ligaremos", respondem.

Ligam marcando novo encontro próximo das férias de final de ano.

Novamente predominaram as descrições do comportamento de Antônio. O melhor que eu podia fazer naquela circunstância era ser continente e acolhedor. Estávamos às vésperas das férias. Um dado novo surgiu: a mãe relatou ter tido depressão pós-parto. Lembrou-se de que ao engravidar achava tudo lindo e maravilhoso. Esteve muito contente durante a gestação. Logo após o parto passou a chorar muito ao se dar conta de que o bebê da barriga e de sua imaginação não correspondia ao bebê real. Era difícil amamentar e cuidar da rotina diária. Só voltou a se recuperar quando retornou ao trabalho. O bebê ficava aos cuidados de sua mãe, a avó com quem Antônio está morando.

Marcamos retorno para depois das férias. Como não me telefonaram, resolvi ligar. O pai, sempre muito formal, educado e gentil, agradeceu meu telefonema dizendo que a situação estava mais calma e que me procuraria se houvesse necessidade.

Naquela ocasião levantei algumas hipóteses ligadas a falhas do investimento afetivo precoce, falhas de discriminação e de identificação, elementos histriônicos da personalidade, quadro depressivo em um jovem enfrentando a crise da adolescência. Elementos de superproteção materna e conflitos com a figura masculina pareciam estar presentes. Todos esses elementos foram extraídos da história sem que eu tivesse tido qualquer contato com o paciente.

A postura do casal me fez pensar numa fachada politicamente correta. Tudo estava bem. Os problemas eram momentâneos e ligados exclusivamente a Antônio. Polidos, educados, formais e elegantes, socialmente adequados, mas sem emoção, uma postura falso-*self*.

Passados seis meses do último contato telefônico, o pai me liga dizendo que Antônio se dispôs a vir à consulta. Estávamos próximos das férias de meio de ano. A consulta só poderia ser marcada após o término das provas escolares. Resolvi aceitar. Informei que seria apenas um contato para nos conhecermos. Combinamos um encontro com todos – pai, mãe e Antônio.

Primeira sessão com Antônio

No dia marcado, abro a porta e vejo Antônio e um senhor muito idoso e de aparência simples, que entendi ser seu avô. Ele me cumprimenta e, em tom de brincadeira, diz para Antônio:

"Fale tudo para ele. O senhor sabe, ele só quer fazer o que dá na cabeça dele. Bem, não sei quanto tempo vou ficar aqui. Veja o que tem de fazer com ele."

"Está bem. Vocês querem entrar?"

"Você quer entrar, vô?"

"O senhor é quem sabe", diz o avô, dirigindo-se a mim.

Antônio fica parado em frente à porta, aguardando para ver o que iríamos resolver.

"Se o senhor preferir, pode aguardar aqui na sala de espera. Pegue uma revista, leia um pouquinho. Dentro de cinquenta minutos a uma hora terminaremos nosso encontro."

"Está bem, doutor. Eu estava só brincando."

"As coisas ficam mais leves quando a gente pode brincar", digo.

Antônio senta-se de frente para mim e aguarda que eu tome a iniciativa. Vejo um rapaz de estatura e desenvolvimento adequados para a idade. Cabelos muito longos e movimentos delicados, diria femininos, não afeminados. Apresentamo-nos e digo a ele:

A: Você sabe por que está aqui?

Paciente (P): Vim porque meus pais pediram.

A: Você veio só porque eles pediram ou será que tem também algum desejo seu?

P: Eu também quis vir. Meus pais me disseram que falaram com você.

A: É verdade. Eles me contaram o que está acontecendo com você. Estiveram aqui no final do ano passado e agora me ligaram, dizendo que você estava interessado em falar comigo. Gostaria de ouvir de você o que está se passando.

Antônio põe-se a falar com uma intimidade e fluidez incomuns em um primeiro encontro e em se tratando de um adolescente. Está muito empolgado.

P: Você sabe que sou homossexual. Desde pequeno eu sabia que era assim, diferente. Eu queria muito ter uma Barbie e só sosseguei quando minha mãe comprou uma para mim. Eu gostava de ter a coleção de roupas dela. Achava maravilhoso brincar com ela. Sempre me achei diferente dos outros meninos. Meu pai tentava brincar comigo de jogar bola, mas eu não gostava, não tinha nenhum interesse em fazer as coisas que ele queria fazer comigo. Com minha mãe era diferente. Eu sempre falo com ela. Ela me ouve, me orienta. Meu pai vem de uma família pobre, mas ele se desenvolveu. Temos pensamentos muito diferentes. Ele é pragmático, cartesiano. Tem que fazer uma coisa, ele faz. Mas não pensa que a vida pode ser vivida de outra forma. Ou é do jeito que ele pensa ou não é. Com minha mãe é diferente, mas ela é submissa a ele. Se ele fala para fazer de um jeito, ela faz. Ela não se impõe. Parece que eles se dão bem, mas é desse jeito. Ela não defende suas ideias. Quando ele vem impor as ideias dele para mim, eu só faço se concordar, mas em geral temos uma visão filosófica da vida muito diferente. Ele só pensa em lucro e que a hierarquia deve ser obedecida. Para ele o empregado tem que se submeter ao patrão. Eu acho que eu devo fazer o que eu penso e sinto.

A: Mas, se é desse jeito, por que você revelou seu segredo para sua mãe e não conversou diretamente com ele?

P: Ela é mais compreensiva, mais acolhedora e tolerante. É com ela com quem eu costumo conversar. Ele é um machista. Falar para ele é entrar em conflito, pois ele quer que as coisas sejam do jeito dele. Minha mãe se submete. Foi por isso que eu briguei com ele. A teimosia dele me leva à loucura, me faz perder a cabeça.

A: Deve ser insuportável conviver desse jeito.

P: Ele é muito formal, conservador, cheio de aparências, politicamente correto. [Fala sobre o pai com desprezo.] É tudo o que eu não quero ser na vida. Briguei com ele e me descontrolei. Joguei um vaso na cabeça dele. Acho que eu queria matá-lo, depois me arrependi. Ele é falso. Irritei-me com o sermão que ele estava me dando e fiz o que fiz. Reconheço que me excedi. Eu não gosto dele. Gosto porque é meu pai, mas não é o pai que eu queria ter. Com minha mãe é completamente diferente. Ela me ouve e me aceita. Dá pra conversar. Ele só impõe. É um cara conservador. Converso com ele coisas formais, práticas.

O paciente se revela pessoa muito sensível. Capta nuances das relações humanas. Sua linguagem é profunda, de teor filosófico, utiliza palavras sofisticadas e busca precisão conceitual. Tem um ar pernóstico e intelectual. Gesticula muito ao falar, como se estivesse em cena.

A: Há muita coisa para conversarmos. Tudo é muito intenso e uma ideia puxa outra. Se você estiver de acordo, como falei no início, estou às vésperas de sair de férias, mas poderemos combinar um novo encontro no início de agosto. O que você acha?

P: Acho que pode ser bom. Podemos marcar.

Combinamos novo encontro para o início de agosto.

Fiquei com a impressão, nesse primeiro encontro, de que suas ideias, afetos e sentimentos emergiam com grande intensidade e profusão, sem espaço e tempo suficientes para a elaboração e discriminação do que estava sentindo, apesar dos detalhes de seu relato. Como se fosse um vulcão prestes a explodir que, ao encontrar uma oportunidade, dá vazão a seus conteúdos, mais voltado em aliviar as tensões do que em se deter num processo de elaboração. Suas conclusões são radicais e de intensidade teatral.

Primeira sessão de agosto

Antônio entra na sala e senta-se de pernas cruzadas sobre o sofá após ter tirado os sapatos. Espontâneo, conta sobre as férias:

P: Não viajei. Encontrei-me com alguns amigos. Saí alguns dias apenas, num final de semana. Fiquei estudando. Estou me preparando para uma maratona escolar de física, química e matemática. Adoro essas matérias e também psicologia e teatro. Quero participar de tudo e intensamente. Meus professores e colegas gostam muito de mim. Especialmente a professora de química, com quem tenho muita amizade.

A: Tem muita coisa boa e atraente na vida. A vontade é de pegar tudo.

P: É. Tudo que eu faço é muito intenso, até no amor. Entrei de cabeça no relacionamento com X. Eu o adorava. Era uma questão de pele. Foi uma decepção quando eu soube que ele estava me traindo, ainda mais quando ele passou a se interessar por uma das minhas melhores amigas. Agora não quero saber de ter nada com ninguém. Foi aí que eu me cortei, tamanha a raiva que senti.

A: A traição atingiu você violentamente. Aparenta ser pelo que seu amigo fez com você, mas pode envolver outros tipos de traição. Quando se entra de cabeça em qualquer relação, pode-se ficar cego e não perceber o que se passa ao redor ou no próprio íntimo.

Antônio para, surpreso, e retoma o discurso da traição abordando o tema da fidelidade, da amizade. Fala de forma intensa e profusa. Só me resta ouvir. Sinto-me cansado pela intensidade de sua fala e pela necessidade dele em ter um recipiente onde despejar tanto conteúdo, sem que eu tenha possibilidade de processar.

A: Tudo é muito intenso. Passa-se de um assunto para outro rapidamente, vai de um extremo a outro. Não deve estar sendo fácil manter o controle diante de tantas coisas que estão aparecendo. O cansaço ao qual você se refere é compreensível tanto por ter de segurar tudo isso dentro de você quanto por colocar para fora e ter de lidar com tanta coisa. Sugiro nos encontrarmos algumas vezes, caso haja disposição para vir. Creio que poderá ser útil e interessante.

Ele concorda.

Segunda sessão

Senta como se estivesse sobrecarregado por grande peso. Fala e gesticula muito, em aparente estado de total confiança, estado que desperta em mim um sinal de alerta, pois suspeito de intensa atividade pulsional e fragilidade egoica para se proteger de si e do mundo que o cerca.

P: Estou muito cansado, com dificuldades para dormir, sem dar conta de tudo que tenho para fazer. São tantas as oportunidades que se apresentam. Tenho vontade de fazer tudo.

A: É difícil querer se sentir importante. Dá muito trabalho. Ainda mais quando não se seleciona o que é e o que não é prioritário.

P: Mas tudo é importante para mim.

A: Tudo é importante, mas é preciso descobrir se dá para se carregar tudo o que se quer, sem selecionar o que é prioritário e o que não é.

P: Acho que vou cortar o cabelo. Ele está me atrapalhando.

A: É, tem coisa que a gente precisa perder para ganhar outras. Isso pode ser em relação ao corte de cabelo, mas também com quem se quer ficar, e o que se quer ser, menino ou menina.

P: Fiquei com uma colega e senti coisa estranhas. Fiquei excitado e senti profundo amor. Isso me deixou muito confuso.

A: É, pode-se sentir excitação e atração por homem e por mulher. Quando o que se sente é muito intenso e se é radical, fica difícil perceber e avaliar o que se quer, o que se está sentindo. Às vezes é preciso tomar distância de si mesmo para se descobrir o que se quer e como se quer, caso contrário fica-se confuso. Carregar a dúvida, aguentar uma dose de incerteza pode ajudar a encontrar os caminhos. Você já pensou que pode ter dúvidas se é ou não homossexual? A cabeça da gente é cheia de mistérios a serem desvendados. Se cada ideia for tomada como uma verdade absoluta, não há espaço para dúvidas nem para se experimentar nem para se apreender o que se sente, o que se gosta e o que não se gosta. O amor é complexo e pode se apresentar de várias formas.

Falo isso, mas fico temeroso de estar indo rápido e profundo demais, algo me sinalizava perigo. Digo-lhe que gostaria de poder ter sessões regulares para que pudéssemos conversar, mas que para isso precisaria ter a anuência de seus pais.

P: Acho que ainda não. Prefiro vir ainda mais algumas vezes antes de conversar com meus pais.

A: Está bem. Então vamos marcar nosso próximo encontro.

Terceira sessão

Chega aflito e atribulado. Diz que passou um fim de semana péssimo.

A: Você sabe que seu pai me telefonou novamente. Ele falou com você?

P: Não, não falou.

A: Precisamos falar com eles, pois essa é a terceira vez que ele me liga e todas sem avisá-lo. Precisamos conversar com ele sobre o que é o seu espaço e entender o que ele quer falar comigo que não participa a você. Parece-me que há uma questão ligada ao pagamento.

P: Eu já resolvi isso com ele. Ou ele manda pelo meu avô ou eu trago. Mas preciso contar para você o que me aconteceu. Imagine que conheci um cara num barzinho e fiquei com ele. É um cara bem mais velho. Tem 42 anos. Nosso relacionamento durou alguns dias e me dei conta de que havia entrado numa fria. O cara é um louco obsessivo. Fica me fazendo chantagem. Ameaçou que iria se matar se eu o deixasse. Num desses dias ele veio comigo de táxi até a casa da minha avó. Eu não permiti que ele entrasse. Era de madrugada. Ele insistiu dizendo que queria pegar as coisas que ele havia deixado comigo. Acreditei que ele entraria, pegaria suas coisas e iria embora. No meu quarto ele quis me pegar à força, prometendo depois que ficaria quietinho ao meu lado. Eu queria que ele fosse embora. Houve uma grande discussão. Consegui colocá-lo para fora de casa, mas ele pulou o portão. A discussão ocorreu na rua e meus avós ouviram e vieram conversar com calma, fazendo com que ele fosse embora. Tem gente muito louca.

A: É mais fácil perceber a loucura dos outros. Difícil é perceber a própria. Ter a noção dos limites, o que é realidade e o que é imaginação. O que se sente e o que se quer e o que se pode fazer.

P: Eu sou muito burro mesmo.

A: Não sei se é questão de ser burro. Você não me parece nada burro do ponto de vista intelectual, mas imaturo na maneira de lidar com os desejos e com as consequências dos desejos e das coisas que faz. Em parte porque é um jovem que está passando para a vida adulta e em parte por falhas que devem ter ocorrido em fases iniciais da sua vida. É por esse conjunto de razões que estou sugerindo nos vermos pelo menos duas vezes por semana regularmente. Mas, para isso, preciso da concordância dos seus pais.

P: Tenho muitas atividades. Isso vai atrapalhar minha vida. Não tenho como vir duas vezes por semana, e meus pais não vão poder pagar.

A: Será necessário eleger o que é prioritário para você.

P: A prioridade para mim é a escola, meus amigos, preciso continuar recebendo a bolsa. Tenho aulas à tarde. Não vai dar e minha mãe disse que só pode ser uma vez na semana.

A: Para mim a terapia é a prioridade. Da maneira como você está usando sua cabeça, é preciso dedicar atenção a ela. O bom funcionamento dela é que é prioritário para o seu desenvolvimento. Quanto ao pagamento, esta é uma questão que precisarei conversar com seus pais. Vejo você como um cavalo de corrida, cheio de energia e que você está tendo dificuldades para segurar as rédeas e conduzir o animal que existe em você, em cada um de nós.

P: Mas que animal é esse?

A: Todos nós temos esse lado. Na adolescência os hormônios agem intensamente. O corpo está passando por intensas transformações. Novos desejos surgem sem se preocupar se será bom ou mal para você. Quando você passa a se perceber melhor e a adquirir experiência a partir dos erros e dos acertos, como no caso que você contou, fica mais viável controlar o seu lado animal, as forças que vêm de dentro de você.

P: Quer dizer que estou sendo dominado por minhas vontades e não sei conduzir meu cavalo.

A: Sim. É por isso que precisamos falar com seus pais. Fica difícil conversarmos sem definirmos como vamos trabalhar. Há rédeas e regras que ajudam a dar as condições desse trabalho, como horários, férias, faltas, e que ajudam seus pais a entenderem a sua privacidade. Você sabe que seus pais estão querendo vir falar comigo. Inclusive tem a questão do pagamento que precisa ser combinada.

P: Ainda não. Ainda não quero que eles venham. Concordo em vir duas vezes por semana.

Havia em mim um sentimento de urgência em não perder o contato com ele. Assim como ele vinha de forma intensa para as sessões, também poderia rompê-las sem avaliar as consequências. Fiquei apreensivo com a impulsividade de seus atos, o que me provocou fantasias de que ele pudesse ter atitudes autodestrutivas. Respeitei sua posição de postergar o encontro com os pais, mas seria imprescindível conversar com eles para dar continuidade ao trabalho, o que me parecia problemático, pois havia discordância entre a proposta de trabalharmos duas vezes por semana e o desejo dos pais de que fosse apenas uma vez.

Quarta sessão

Antônio vem de cabelo cortado.

P: Fiquei pensando no que você me falou da imagem do cavalo. Fiquei incomodado com essa ideia e com o fato de ter ficado excitado com minha amiga. Não podia imaginar que ao ficar com ela fosse sentir o que senti. Estou gostando muito dela. Estou atrapalhado e não paro de pensar nisso.

A: Você está atrapalhado também pelo fato de nossa conversa estar mexendo com a sua cabeça. Tudo estava tão definido e eu venho com alguma ideia diferente que faz sentido para você e isso atrapalha. Gera dúvidas. Faz pensar.

P: [Silêncio].

A: Quando se tem muita curiosidade e se vive uma experiência, pode-se descobrir coisas novas tanto no outro quanto em si mesmo. Isso leva a ter dúvidas e a pensar. Também pode passar de uma coisa para outra, de uma pessoa para outra, só para se excitar e não precisar pensar, não precisar sentir. Uma forma de se esconder da tomada de decisão.

Em minhas reflexões, pensei que no início de vida de Antônio pudesse ter havido um misto de superproteção e de carências em termos de discriminação afetiva. Suas vivências parecem ser intensas, superficiais e mal elaboradas. Uma voracidade sem tempo e espaço para a elaboração. Um aspecto onipotente também se fazia presente.

Lembrei-me de que ele havia dito algo assim a respeito de seu pai e que nisso eles poderiam ser parecidos. Havia nele muitas questões: quem era ele, no que se assemelhava e diferia de seu pai. Lembrei-lhe também da questão do nome próprio, que ele queria ter nome diferente de seu pai. Provavelmente queria ser ele mesmo, mas o que era isso? A ligação com a bisavó materna e o conjunto de significantes que ela representava era outro ponto a ser investigado. O grau de ansiedade era tal que mesmo duas vezes por semana poderiam ser insuficientes, mas, para mim, era o que tornaria o trabalho viável. Tínhamos muito a conversar.

P: É verdade. Mas não preciso vir duas vezes por semana. Tenho muitas coisas para fazer. Estou com a agenda cheia.

A: Compreendo sua dificuldade. Você já passou por outras terapias uma vez por semana. Preciso que me dê um voto de confiança já que veio e está aceitando minha colaboração.

P: Está bem, mas e se meus pais não puderem pagar?

A: Sua preocupação é louvável, mas cabe a eles tomar essa decisão e a mim propor algo que a viabilize. Pode ser que se consiga ou não viabilizar o processo. Dependemos, você e eu, da aceitação de seus pais para a realização deste trabalho, pois você é menor de idade. É cedo para você ter recursos e autoridade plena para decidir sobre isso. Porém, depende de você querer ou não realizá-lo. Para isso você tem autonomia, tanto que só foi marcada a primeira entrevista quando você concordou.

Houve um período de silêncio, raro por sinal, que foi quebrado por mim:

A: Você tem ideia das condições econômicas de sua família?

P: Eles vivem bem. Têm tudo que necessitam, saem, viajam, vão a restaurante. Nada chique, mas eles estão bem. Acho que não falta dinheiro, mas eles precisam se controlar.

A: Bem, quanto a essa questão do pagamento, não sei se você está sabendo, se você e seus pais conversaram sobre isso. Na ocasião da primeira consulta, eles me perguntaram o preço. Disse a eles, também, que conversassem com você a esse respeito. Eles prefeririam que o pagamento fosse feito por um portador. Disse-lhes que poderia ser feito por meio da sua pessoa. Iríamos conversar e definir a forma de pagamento com a sua participação. Seu pai alegou que preferia pagar as sessões de julho e de agosto por meio de um portador, fora do horário da sessão. Voltei a afirmar que conversaríamos a esse respeito.

P: Eu não sei que acerto vocês fizeram, mas só trarei o dinheiro se eu estiver de acordo.

A: Está bem. Mas, não posso abrir mão das duas sessões.

P: Está bem. Então eu venho ainda esta semana.

Quinta sessão

O paciente inicia a sessão retomando a questão do pagamento.

P: Não vou me submeter a qualquer acordo que me violente. Não quero ser pombo-correio do que não concordo [diz isso referindo-se à questão do pagamento].

A: Sua posição é nobre. Tem quem a valorize, mas pode haver questões que não dependem só do desejo, mas das possibilidades de realização de um projeto. Falaremos disso futuramente, quando seus pais vierem conversar conosco. Teremos de pensar juntos como construir caminhos viáveis. Isso implica saber o que cada um está disposto a fazer.

Antônio estava muito excitado. Deixa o sofá, onde habitualmente tem sentado, para se recostar no espaldar do divã colocado junto à parede. Aproximo a cadeira e fico à sua frente, no intuito de criar uma condição mais acolhedora.

Antônio enterra a cabeça entre as mãos e, com os dedos, revoluciona os cabelos, como se quisesse tirar algo da cabeça. Observo e digo:

A: Você deve estar sofrendo muito.

P: Sabe a menina que falei pra você? Ela ficou com X, o meu ex-namorado. Ela é uma louca, promíscua. Fica com um, com outro, comigo e agora com X. Não é possível ela fazer isso. Não estou aguentando.

A: Pelo visto você deve ter sentido muita raiva, ficado com ciúmes por ter sido traído. Acho que você está gostando dela e, agora, está com muita raiva de ter sido passado para trás.

Com um movimento dramático, Antônio arregaça a manga comprida da camisa (estava um dia muito quente e ele vestia uma camisa de flanela) e me mostra uma queimadura de uns 7 cm que fez com isqueiro em seu braço esquerdo. Preocupado, me pergunta: "Você acha que isso vai se curar?".

Olho a lesão que me parece superficial e digo-lhe:

A: Penso que sim, que vai se curar. Mas você não pensou nisso no momento em que estava se queimando?

P: Eu estava com muita raiva dela. O pior é que, apesar de ter ficado com o X, no final da festa ela veio me dar um beijo, sabendo da história que eu tive com ele. O que estou sentindo é muito estranho.

A: Deve ser estranho, para quem se coloca como tendo certeza de que é homossexual, sentir atração, excitação e desejo por uma moça. Quantas coisas seu corpo e sua mente estão descobrindo. Quantas dúvidas e indefinições estão aí guardadas e que, agora, nesse relacionamento estão sendo postas para fora em busca de um sentido.

P: Estou muito confuso com tudo isso.

A: Parece ser mais fácil enxergar o que se passa com sua amiga e com X. Descrever o que ela e X estão fazendo. Julgá-los. Mais difícil perceber e dar nomes às coisas que estão se passando com você. Quem sabe você gostaria de poder controlar sua amiga e X para não sentir o que está sentindo: traição, ciúmes, raiva, dúvidas sobre você mesmo. Até porque o ato de você se queimar, uma das finalidades, é se castigar por alguma razão. É por esse descontrole e autopunição que precisamos definir o nosso trabalho: número de sessões, preço, forma de pagamento, faltas e férias. Podemos conversar entre nós dois, mas há detalhes, como já falei para você, que dependem da concordância e autorização dos pais.

P: Vou pedir para meu pai ligar para você. Mas acho que ele não vai querer que eu venha. Já falei sobre marcar um encontro, e ele me avisou que vai tratar de coisas que não pertencem a mim, como o pagamento.

A: Por que será? O pagamento não envolve você? Não é você quem paga, nem seria possível para um jovem da sua idade. Mas, envolve a sua pessoa saber quanto custa, qual o peso que o trabalho gera para a família tanto econômico quanto emocional. Afinal, você não é uma criança pequena.

P: Não sei. Ele é esquisito.

A: E você não perguntou o porquê, já que você está disposto a vir.

P: Vai dar briga.

A: Bem, de minha parte, a possibilidade de vir fica aberta.

Termino a sessão e, com a porta da sala aberta, ele para e me pergunta: "Posso tomar sol? Será que não vai formar uma cicatriz feia como ficou quando me cortei?".

Faço-o entrar novamente. Encosto a porta e digo:

A: Você pode me ouvir como um conselheiro amigo. É bom sentir que tem quem cuide de você, que está preocupado em cuidar do seu corpo. Não tem com quem possa conversar?

P: Eu não quero preocupar meus avós. Você sabe o que posso passar?

A: Alguma pomada para queimadura (paraqueimol; picrato de butezin).

P: Irei a uma farmácia para me orientar.

Na segunda-feira pela manhã o pai me telefona para saber o número de sessões. Digo a ele que, conforme já havíamos conversado, o filho deve estar sabendo o número de sessões. Seria uma oportunidade para eles conversarem. Ele concorda e diz que enviará o pagamento, provavelmente por um portador.

Sexta sessão

Antônio entra e senta-se no sofá. Aparentemente mais calmo. Tomo a iniciativa de falar.

A: Você sabe que seu pai me telefonou hoje pela manhã?

P: Não. Ele não me falou nada.

A: Conversamos rapidamente. Ele queria saber o número de sessões. Disse a ele que este poderia ser um tema para ele e você conversarem. Ele me disse que mandaria o pagamento por um portador.

P: Não. Ele não me falou nada. Eles vão viajar amanhã ou depois de amanhã por quinze dias, e eu não estou sabendo de nada.

A: Há lacunas na comunicação entre vocês. Temas que poderiam aproximar pai e filho não são tocados. Entretanto, aqui estamos conseguindo conversar até mesmo de coisas mais íntimas, como as que você tem trazido para cá.

P: Eu já falei com eles sobre a consulta que você quer ter conosco. Isso só poderá acontecer quando eles voltarem. Fomos jantar numa pizzaria e, como sempre, tudo se passou bem. Falamos de tudo sem aprofundar nada. É tudo formal.

A: Você desaprova essa forma de ser. Você se sente melhor quando se é espontâneo. A relação de confiança fica mais forte.

P: Você vai ver, ele não vai querer que eu venha na entrevista. Não sei por que ele faz assim. Com minha mãe é diferente, mas ela não se manifesta.

Antônio tinha razão: quando os pais voltaram, pediram que a entrevista fosse em um horário de final de semana, fora do meu habitual. Alegaram que não seria possível vir durante a semana, mesmo sendo à noite. Perguntado na entrevista a causa de não ter permitido a vinda do filho, o pai educadamente justificou que não cabia a presença dele, pois iríamos tratar do pagamento. "Ele não precisa participar de questões que não lhe dizem respeito." Disse-lhe que entendia que havia a questão do pagamento, mas havia outra questão, como o lugar de Antônio na família.

O pai argumentou que havia na vida de seu filho questões às quais ele (filho) não necessitava participar. Citou como exemplo o pagamento da viagem de férias organizada pela escola. Caberia a ele (pai) discutir e decidir a forma de pagamento, não precisando incluir o filho nessa conversa. Questionei se essa posição não representava uma forma de proteção e de exclusão para um rapaz desejoso de se desenvolver e de expandir seus universos. Seriam conflitos que estariam perturbando o desenvolvimento emocional do filho, pois, do ponto de vista intelectual, não havia dúvida de sua excepcionalidade. A reação do pai foi o silêncio total. Retornei ao tema inicial a respeito do valor da sessão duas vezes por semana dentro de condições que me pareceram acessíveis. Assegurou-me que não poderia arcar com duas sessões semanais, mas que iria pensar. Sugeri que diante de qualquer dúvida eu estaria disposto a conversar.

Na manhã que antecedeu a próxima sessão de Antônio, o pai me telefonou para avisar que o filho não viria mais. Queria saber quanto devia. Sugeri que conversássemos, mas ele disse que não era necessário. Que o trabalho estava interrompido. Indaguei se, diante dessa realidade, eu poderia me despedir de Antônio, respondeu que eu não deveria falar com o filho em hipótese alguma.

Comentário de Christian Dunker

Cumprimento a equipe da revista *Percurso* por esta iniciativa inédita, necessária e atualíssima em nossa cultura psicanalítica. Um comentário de um caso clínico feito "às cegas", mas não "às surdas", por um psicanalista, guardando certa contingência quanto à diversidade de caminhos formativos dos envolvidos, é um experimento que reintroduz um pouco do espírito de ciência que há algum tempo estamos desdenhando. Um experimento que desafia a nossa capacidade de contar uma piada fora de nossa "paróquia" (para retomar o termo de Freud com relação às condições de eficiência de um chiste). Fácil é pregar para conversos, difícil é falar a língua franca da clínica para além de nosso condomínio.

Gostaria de explicitar como entendo as regras deste experimento. Não se trata de julgar os procedimentos e atitudes de um colega em sua estilística e sua maneira própria de conduzir o tratamento. Também não vejo que estejamos em um registro redutível ao da supervisão, uma vez que não nos escolhemos mutuamente para escrever o caso ou produzir o comentário. Pretendo pensar o caso respeitando a sua lógica interna, reconstruindo suas razões e aqui e ali ponderando variantes e variâncias. Freud aproximou a psicanálise de um jogo de xadrez, no qual é mais fácil examinar as situações de abertura e encerramento do que o "meio de jogo" no qual as variantes e contingências são muito mais imponderáveis e no qual as regularidades reduzem-se, muitas vezes, a aspectos locais do tabuleiro. Pois então, no xadrez existe a figura do comentarista, ou do "analista" que decifra os grandes jogos isolando principalmente seus pontos críticos, e as soluções mais inusitadas. É nela que gostaria de me inspirar.

O relato começa pela apresentação de uma grande transformação ("[Antônio havia] *mudado abruptamente*") que culmina na sua confidência, para a mãe, de que ele era homossexual. Isso parece coordenar-se com duas séries de sintomas ligados respectivamente ao impulso: arrancar cabelos, cortar braços, agitação, fala compulsiva, briga corporal com o pai, e ao registro das identificações: usar roupas velhas, modificar a assinatura para a ascendência materna. Ele conta o "segredo" para a mãe não sem algum conflito. Teria ele esperado que ela criasse um espaço de aliança com ele (mantendo o segredo entre dois) ou que ela repassasse o fato ao pai (como aconteceu)? A ausência de indícios textuais de que ele tenha ficado contrariado ou indisposto com a mãe sugere que se tratava realmente de uma carta que chegou ao seu destinatário, pelas vias maternas.

A causa indutora dessa revelação não parece estar coordenada com a descoberta da homossexualidade, mas com uma decepção no primeiro amor. Primeiro amor que entrou *em atividade* com um colega de escola. A ligação entre esse fracasso e o apelo ao pai, ainda que marcado por uma atitude opositiva indiciada pela recusa, torna-se assim a função gerativa da narrativa. Não surpreende que a sequência repita esta oposição: o psiquiatra diagnostica depressão, "*Antônio melhora com a medicação, mas agora recusa-se a tomá-la*".

O pai traz uma leitura do caso que replica essa modalização do conflito. Os problemas começaram quando o filho "*recusa-se a acatar as normas*" diante de "*expectativas frustradas*" em uma atividade escolar. Mas, nessa versão do mito, o pai intervém realmente "*junto à direção da escola*", o que propiciou a reintegração de Antônio, ainda que não como protagonista. Ele parece estar correto ao dizer que "*são problemas de adolescência*", ainda que não saiba muito bem o que diz. Isso é congruente com a primeira entrada do psicanalista no enunciado do caso, interessando-se pela reação do pai à homossexualidade, já anunciada no gosto preferencial por "brinquedos femininos" na infância. A escolha de transcrição do diálogo, em vez da paráfrase, neste ponto, cumpre a função de acentuar a atitude de indiferença do pai quanto a esse ponto: *gosto dele igual, não é um problema, tudo bem (curto e seco)*. A imediata sequência do texto retoma a posição da mãe, lembrando que na infância ele negou-se a ir à escola, permanecendo com os avós maternos durante "meses". Ou seja, mais uma vez somos convidados a ler que, diante da indiferença do pai, Antônio responde com uma negação. Recusa e oposição que atinge aquilo que parece ser essencial ao desejo do pai, em termos da lógica do desempenho e do trabalho. Recusa-se a *"comer"*, recusa-se a *"acatar as normas"*, recusa-se a *"tomar medicação"*, recusa-se a ir *"à escola"* (onde era, por outro lado, excepcional aluno recompensado com bolsa), recusa-se a *"morar conosco"*. O caráter explícito, reiterado e reforçado dessa recusa sugere que há algo a ser reconhecido nessa declaração sobre seu desejo, e talvez não seja a mera orientação homossexual.

Aqui está a quarta questão recorrente na narrativa: o segredo. Os pais conversam com o psicanalista, mas o rapaz *"não sabia que eles haviam me procurado"*. Nos dois encontros "descritivos" que se seguiram, a oposição de atitudes com relação à mãe e ao pai se aprofunda. Desde pequeno o pai *"tentava se aproximar dele sem êxito"*. Ficava horas brincando de bonecas com a mãe. A meia-irmã é recebida com indiferença. Mesma indiferença diante do comentário do analista de que não se consegue dirimir bem o que eles estão sentindo. Essa sequência narrativa, formada por: alternância de alinhamento pai-mãe, recusa ou oposição e indiferença, é suplementada pela posição do tratamento. A inclusão de mais um elemento nessa sequência torna-se, assim, o pivô para a reatualização dessa série: *"voltaremos a ligar"* – dizem os pais, findas as primeiras entrevistas.

De fato, a mãe liga e faz o relato da depressão pós-parto que fez Antônio ficar com a avó. Depois da suspensão de encontros, o psicanalista liga, recebendo do pai a notícia de que a *"situação estava mais calma"* e uma nova versão do *"voltaremos a ligar"*. Depois da terceira pausa, novo telefonema, agora do pai, dizendo que Antônio viria. Mas mesmo tendo combinado uma sessão conjunta, pai, mãe e Antônio, o que temos é a visita do simpático avô materno, trazendo o paciente. Tal descontinuidade não é tematizada, nem no relato, nem na sessão. Em vez disso aparece a descrição detalhada do pequeno impasse na porta do consultório, com o avô perguntando o que fazer: entrar, esperar fora, esperar na sala de espera. Qual a função deste "erro de continuidade"?

Começam os encontros com Toninho: "*mais feminino que efeminado*", observação que parece querer deflacionar a hipótese da homossexualidade mostrada como confrontação ao pai ou como mostração ao outro. Mais uma vez há o repique implicativo: "*você veio porque eles pediram ou há algum desejo seu*".

O paciente abre a primeira sessão com um relato íntimo, "*você sabe que sou homossexual*" e com lembranças confirmativas. Depois vem a divisão: "*não tinha interesse pelas coisas do pai*", "*com minha mãe é diferente, sempre falo com ela*". Vem então um enunciado novo: "*ela se submete a ele*", "*ele só pensa em lucro e hierarquia*" e "*eu acho que devo fazer o que penso e sinto*". A pergunta do psicanalista, "*por que não fala com ele?*", traz uma cascata de significantes – o pai é: *machista, formal, conservador, politicamente correto*. Ele é "**tudo o que eu não quero ser**". Portanto... "*ele é tudo*".

O analista parece intuir que há um trabalho de dialetização dessa diferença ao ele mesmo acompanhar o movimento adjetivador, qualificando Antônio como *teatral*, contido como um "*vulcão prestes a explodir*", *pernóstico e intelectual*. Sua enunciação bem poderia ser: "*... como seu pai*". Com uma diferença substancial: o filho é intenso e disperso, o pai é seco e controlado.

Nova pausa. Nova sessão. Nela, Antônio traz sua decepção com X, que era uma "questão de pele", mas que agora está saindo com uma de suas "*melhores amigas*". Aqui temos, com clareza, o tempo de articulação desse ato. Ele se corta em resposta a isso. A intervenção do analista não enfatiza a estrutura desse ato. O que *quer dizer* e *a quem* ele se destina. Em vez disso, propõe uma metáfora:

"quando se entra de cabeça se pode ficar cego". Esse seria um momento no qual se esperaria o aprofundamento da semiologia do ato: o que teria havido de errado com o namoro? O que faltou? O que sobrou? O que ele tentou fazer para conquistar ou reconquistar seu amor? Que papel exato teve a sua amiga na história? Exatamente como, na primeira cena, construída com os pais, na qual o psicanalista percebe a ausência de uma "leitura" dos fatos por parte do pai, aqui está ausente a leitura que Antônio fez do acontecido. Não se sabe, por exemplo, se essa é a primeira vez que ele se corta. De onde vem a escolha do corte no braço. Falta um capítulo. Assim como falta o capítulo no qual se saberia o que o pai diz ou fez para levar um vaso na cabeça como resposta.

A terceira sessão se abre com o psicanalista dizendo que o pai liga insistentemente para resolver o assunto do pagamento. Aqui, aparentemente, o psicanalista quer usar o contexto de fixação dos termos do pagamento para criar uma situação coletiva de negociação e consenso. Contudo, já se anuncia aqui que essa solução é justamente o impossível em torno do qual o caso se organiza. Em outras palavras, se eles estivessem em condições de conversar e acertar um procedimento consensualmente estabelecido, as coisas não estariam como estão. Talvez apostando na força da incipiente transferência, o psicanalista parece depositar grande esperança de que um análogo do problema que os trouxe (*"ele só se interessa por dinheiro e hierarquia"*, *"não fazemos nada juntos"*, *"só falo com minha mãe"*) pudesse ser resolvido "em ato" e "em miniatura" no contexto do tratamento. Nada faz supor que o tratamento seria uma exceção a esse funcionamento. Para Antônio esse tema já haveria de ser resolvido com auxílio do avô. Ele tinha coisas mais importantes a tratar: o encontro com o cara mais velho que depois se torna uma espécie de invasor em sua casa, a discussão subsequente na rua, a intervenção dos avós. Ele acusa o fugaz namorado (*louco*) e se autorrecrimina (*burro*). Mas, em vez de entrar no assunto e fazer a anatomia do sucedido (como ele se envolveu com o tal sujeito?, o que ele havia pensado ou sentido na situação?), o psicanalista retoma o tema do contrato, insistindo em duas sessões por semana. Junto com isso ele vai para uma posição mais recuada, na qual oferece a imagem do "*cavalo de corrida*" e da "*intensidade dos hormônios*", que é recebida como: "*Quer dizer que estou sendo* **dominado** *por minhas vontades e não sei conduzir meu* **cavalo**". O termo "**dominado**" parece articulado ao conflito com o pai: ser *dominado* por ele (como minha mãe), *dominar* a mim mesmo (como no ato de contenção), ser *dominado* por mim mesmo como outro (minhas vontades). Mas novamente o psicanalista quer trazer esse avanço subjetivo para a esfera do contrato: "*há regras e rédeas*" por aqui também. Essa estratégia começa a cobrar seus efeitos: ao se colocar de forma sincrônica com o pai ele desperta a mesma atitude de recusa, contra a qual fomos advertidos desde o início. Mas agora há um avanço. Antônio concorda com as duas vezes por semana, mas recusa ceder ao encontro coletivo com os pais. Havia aqui a possibilidade de que, ao aceitar apenas a "metade do pacote", Antônio se alinhasse com o analista, contra os pais que, juntos, queriam uma vez por semana.

 A quarta sessão começa como um assentimento à intervenção da sessão anterior. Seu "cavalo" se manifesta inesperadamente com uma amiga, em relação à qual surgem sentimentos amorosos "indomináveis". Contudo, a observação de que Antônio está a passar de um objeto a outro de excitação, como forma de evitar decisões, bem como eventuais ligações dessa tendência com experiências infantis (superproteção, carência e indiscriminação), parece deixar no ar a questão mesma do sujeito: como é possível envolver-se com uma garota? Como na sessão anterior, a abertura de uma questão é vertida para o tema das duas sessões e do pagamento: "*você é menor de idade. É cedo para você ter recursos e autoridade plena para decidir sobre isso*". Em meio a essa demanda, ele responde "*acho que não falta dinheiro, mas eles precisam se **controlar***". Devolvendo assim um significante, "*controlar*", que se aplica a si, ao pai e ao cavalo, e ainda indiretamente ao amante por quem fora preterido, e por negação à jovem por quem começa a se apaixonar. Por outro lado, o recurso à minoridade e à dependência dos pais, em uma cena estruturada em torno da derrogação desse ponto, parece uma manobra transferencial de grande risco.

Isso continua na quinta sessão, por meio da declaração veemente e opositiva: nem acordo violento, nem pombo-correio. Nada melhor que essa dupla negativa para situar a posição desse sujeito entre seus pais. O fato de que a jovem dama tenha se envolvido com seu ex-pretendente desencadeia uma segunda resposta traumática: dessa vez ele não se corta, mas se queima. E a raiva é dela, porque depois de ficar com "X" veio dar um beijo em Antônio, "*sabendo da história que tive com ele*". Mais uma vez se perfila a combinação: recusa (ao contrato), divisão (entre pai e mãe, agora desdobrados em "X" e a menina) e segredo violado. Mais uma vez temos a emergência de um ato que responde a tais condições de produção, mas cujo sentido como mensagem para o outro permanece opaco: *você acha que vai se curar?* Diante dessa pergunta o analista volta em "controlar sua amiga", "castigar-se e punir-se", concluindo que "*é por esse descontrole e essa autopunição que precisamos definir nosso trabalho: número de sessões, preço, forma de pagamento, faltas e férias*". A resposta é uma síntese da mesma repetição: "*vai dar briga*" (divisão), "*ele não vai querer que eu venha*" (recusa) e "*... será que meus avós vão descobrir [a queimadura], não quero preocupá-los*" (o segredo).

Na sexta e última sessão o tema resume-se ao pagamento e à reunião deliberatória esperada pelo psicanalista como uma espécie de condição para começar o trabalho. "*Há lacunas na comunicação entre vocês. Temas que poderiam aproximar pai e filho não são tocados.*" Verdade, contudo, uma verdade que aplica à própria transferência. Verdade que se reapresenta no triunfo repetitivo do Real: o pai exclui o filho da entrevista e do tema do pagamento, ele não poderia pagar por duas sessões e, depois, que o trabalho estava encerrado e que o analista "*não deveria falar com o filho em hipótese alguma*".

Portanto, o que temos é a aparição de Antônio como sujeito, bem delimitado, logo em seu primeiro encontro. Ele renuncia à sua posição suposta de recusa de algo que vem dos pais. Isso tem como correlato, do lado do pai, a derrogação do combinado em torno da sessão conjunta. Esse pequeno erro de continuidade poderia ter sido mais bem ponderado. Ele simplesmente reafirma a lógica da situação, que dá nome ao sintoma: *ali onde o filho aparece em oposição, o pai recusa-se a reconhecê-lo*. E isso tem uma versão imaginária explícita em Antônio: "*ele é tudo o que eu não quero ser*". Uma alienação problemática e inversiva, em relação ao desejo do Outro, que se espraia em atos denegatórios: assinar o nome dos bisavós, apresentar-se em uma imagem inadequada, vestir *roupas velhas* (uma boa metáfora para simbolizar sua crise de identificações), mas que se denunciam também como resposta de assentimento, ainda que inconsciente, à demanda do pai: ser um esforçado e trabalhador aluno que merece uma bolsa (como seu pai talvez tenha sido). Há um emparceiramento neurótico: o que o pai espera aparece como desejo recalcado no filho, e o que é desejo recalcado no filho aparece como desejo no pai.

O desentranhamento das fantasias acarreta efeitos imaginários de grandes proporções em termos de indução de angústia: até que ponto a assunção de seu desejo por outros homens será percebida como um desejo opositivo dirigido ao pai. Tanto do ponto de vista da leitura dos pais quanto das intervenções do analista percebe-se que a problemática da homossexualidade cai mais do lado da identidade, e das reformulações na relação com a imagem, do que do lado da série simbólica de seus objetos para o desejo, sejam eles "X" o menino que o decepcionou, seja "Y" o louco invasor de 42 anos, seja "Z" a menina que causa inesperadamente seu desejo e seu amor. O analista parece ter escutado esta diferença quando comenta que Antônio tem uma apresentação mais *feminina* (como traço de identidade) do que *efeminada* (como traço de endereçamento de desejo ao Outro).

A recorrência de *actings outs*, como queimar-se, cortar-se, a passagem ao ato da agressão ao pai sugere duas coisas: (a) dificuldade de tramitação da angústia e (b) há algo da ordem do desejo que se vê apartado ou excluído da captação na transferência, logo da possibilidade de interpretação. Por isso Antônio não consegue articular propriamente seus sintomas ao tratamento. A emergência do real não é examinada em detalhe, mas não deixa de ser intuída pelo analista. Talvez seja por ter percebido a ausência de circulação da palavra entre pai e filho que ele insiste na realização de uma sessão coletiva, no assentimento do pai, das duas sessões e assim por diante. Contudo, esse deveria ser o horizonte inicial de realização da cura e não o seu pressuposto.

A aposta de que esse pai seria persuadido, pela transferência assim postada, a compartilhar a circulação do falo com seu filho, reconhecendo-o mais como um sujeito do que como um *infans*, parece uma aposta demasiado forte para o contexto. E ela se enfraquece ainda mais quando o analista faz parceria com a demanda do pai e posiciona Antônio como um "menor de idade" que não pode resolver as "coisas de adulto sozinho". Lembremos que sexo e dinheiro andam juntos. Aqui havia a variante mais simples e menos arriscada de aceitar o funcionamento atualmente em curso, deixá-lo entrar na transferência, para depois disso agir sobre ele, ou seja, receber o dinheiro pelo portador, suportar uma vez por semana (quiçá como um acordo provisório) e criar as condições para que Antônio continuasse vindo e falando. O próprio paciente abre essa possibilidade ao dizer: *"prefiro continuar vindo algumas vezes antes de falar com meus pais".*

Comentário de Flávio Carvalho Ferraz

Como primeira observação, gostaria de destacar que o material clínico apresentado traz à tona a questão da própria complexidade do significado de um *material clínico*. O que vem a ser isto? Certamente um amálgama que contém o paciente com sua história e sua família, o paciente em transferência com o analista, a escuta do analista – condicionada por sua contratransferência e por suas crenças teóricas – e o seu manejo clínico.

Até aí, nada de novo. Essa observação pode ter validade universal em se tratando de apresentação de materiais clínicos em psicanálise, mas no presente caso a decomposição fatorial do conjunto se insinua de maneira tão visível que quase chega a ser didática. Vejamos.

Há uma peculiaridade importante no material apresentado: mais do que o fragmento de uma análise ou um historial clínico sintético, trata-se, primordialmente, do relato de uma série de entrevistas preliminares que não evoluíram rumo a um processo analítico. Este é, para mim, o cerne do material trazido pelo analista: a história da impossibilidade do estabelecimento de um contrato analítico e o consequente aborto de um tratamento. Quando, conforme as evidências, a necessidade de uma análise era indiscutível.

Antes de entrar no tema da frustração do projeto de análise, tanto para o paciente como para o analista – ao que me pareceu, mais para o segundo –, gostaria de assinalar alguns pontos sobre o paciente. Ele se apega a sua definição como homossexual com um vigor sintomático, fato que não passa despercebido ao analista. Parece que *definir-se* assim é mais importante do que *ser* assim. Independentemente de qual seja sua orientação sexual predominante, definir-se como homossexual e fazer disso um tema compartilhado na intimidade com a mãe, com a exclusão inicial do pai, é uma operação que fala da economia das identificações e afetos na família. O paciente procura, aparentemente, eliminar as marcas da paternidade e da linhagem paterna. Passa a assinar apenas o sobrenome da bisavó materna e a relacionar-se predominantemente com os avós maternos, com quem inclusive vai morar. Portanto, ser homossexual, nesse caso, é algo para além de uma escolha objetal: é uma espécie de fidelidade à mãe e de recusa ao pai, ao que parece, "exigida" inconscientemente pela mãe durante a formação subjetiva de Antônio.

Tudo isso denota um funcionamento familiar bastante perturbado. A mãe entra em depressão, logo após o nascimento do filho, ao constatar que o bebê real era diferente do seu bebê imaginado, que nada mais seria do que uma extensão narcísica de si própria. A partir daí ela vai engendrando para seu rebento uma identidade próxima da sua, ou seja, feminina. O pai, alijado do desenvolvimento do filho, segue "sem perceber" a operação que ia sendo tramada. Comporta-se de um modo normótico, seja ao não ver o que vai acontecendo com o filho e com a relação deste com a mãe, seja ao eliminar qualquer ressonância afetiva que isso poderia lhe trazer, aí incluída sua decepção com o desfecho da identificação sexual do filho. Antônio vai crescendo embalado eroticamente pela identificação com a mãe e pelo rechaço da figura paterna.

A crise a que se assiste no momento anterior à procura do analista é um fenômeno de explosão da ordem instalada, que em algum momento, certamente, não mais poderia seguir o curso de pseudoadaptação que até então parecia prevalecer. Evidência do funcionamento normótico do pai (que apresenta um genuíno *pensamento operatório*) (Marty e M'Uzan, 1962) é, por exemplo, a falta de percepção de qualquer alteração da dinâmica afetiva da família quando a filha de seu primeiro casamento vem morar com sua nova família. A mudança descrita se restringe à distribuição dos quartos! Apenas a realidade material é percebida e investida, numa defesa ferrenha contra qualquer emergência de aspectos subjetivos. Outra evidência disso é a postura, agora do casal, que age, em plena crise, como se tudo estivesse bem na família, o que leva o analista a pensar em uma "fachada politicamente correta".

A crise vivida por Antônio pareceu-me, portanto, com o que Christopher Bollas (1992) chama de *colapso normótico*, que pode ocorrer quando o adolescente não consegue mais suportar a normopatia familiar. Surgem então fenômenos similares à irrupção de uma psicose ou crises em que severos *acting-outs* ganham a cena, exatamente como no caso de Antônio. Curiosamente, é o momento em que o pai é instado a quebrar sua recusa em relação à homossexualidade do filho. Mas ele o faz também de maneira normótica, uma vez que prossegue afirmando que, para ele, isso não constituía problema algum. É um modo de tentar manter a mesma postura de recusa, se não mais do fato, agora do afeto a ele associado. E à mãe é permitido continuar partilhando eroticamente da intimidade do filho, mantendo o pai afastado daquela relação gozosa.

Sei que tudo isso soa muito óbvio. Mas há algo para além dessa obviedade que vai repercutir na resistência à análise e no fracasso do contrato analítico. Sabemos à exaustão que as famílias têm lá sua falsa harmonia em meio a todos os modos patológicos de funcionamento. Da mesma forma, sabemos que cada um de seus membros ocupa, nessa dinâmica, um lugar que vai sendo cristalizado, o que torna difícil o movimento de qualquer um deles dentro da estrutura, uma vez que a mudança de uma peça afeta toda a engrenagem construída.

No momento do susto com a crise psíquica de Antônio, abre-se uma brecha para o analista, ou seja, abre-se uma fenda na estrutura fechada que até então seguia seu curso patológico com o gozo de todos os envolvidos, numa verdadeira *comunidade da recusa*, como Denise Braunschweig e Michel Fain (1975) denominam o mecanismo que resulta nesse tipo de arranjo familiar. É então que se dá a primeira entrevista dos pais com o analista, em que este já se impressiona com a diferença abissal entre as dinâmicas do relacionamento de Antônio com o pai e com a mãe. E também com a forte recusa dos pais sobre as frustrações das expectativas que a crise do filho poderia fazer emergirem.

Há claros indícios da resistência que a partir daí se estabelece. Além do fato de terem marcado a entrevista para uma data próxima ao início das férias, o contato subsequente com o analista, que fica combinado ao fim da entrevista, não é feito. É o analista que se preocupa em telefonar para o pai de Antônio, que, muito educado e formal, conta-lhe que tudo estava "mais calmo". Passam-se então longos seis meses até que o pai retoma o contato com o analista, dizendo-lhe que o filho se dispusera a vê-lo. É aí que começa a outra parte da história de uma resistência.

Antônio critica severamente seu pai para o analista. Reitera o que este já sabia sobre sua forte ligação com a mãe, com quem era possível conversar, e seu solene horror ao pai, com quem nada podia falar sobre sua subjetividade, uma vez que ele, pai, só sabia tratar objetivamente os fatos: descreve-o como "pragmático, cartesiano". No meu entender é aí que certos mecanismos inconscientes mais sutis vão entrando em cena e determinando, silenciosamente, o curso do trabalho e seu desfecho desfavorável à análise. É fácil cairmos nas deduções a que pode nos conduzir um "estudo de caso" baseado nas teorias psicanalíticas do desenvolvimento mais lineares. Mas essa forma tão óbvia tomada pelo arranjo discursivo do caso, no seio da própria família, contém armadilhas transferenciais que frequentemente nos driblam e dão vitória aos fenômenos resistenciais.

Antônio revela suas intimidades ao analista de modo imediato. Parece não apresentar resistência. Toma o analista por uma espécie de pai oposto ao real, que tudo pode ouvir, tal qual a mãe. O paciente abre o tema da sua homossexualidade, seus sentimentos em relação aos pais, seus namoros, o problema que encontrou no relacionamento com um homem mais velho etc. O analista, obviamente, encara os fatos com a natural e inelutável contratransferência e com sua teoria de suporte, que, ao que podemos deduzir, inspira-se fortemente na ideia bioniana do "aprender com a experiência". Suas tentativas de enquadrar o caos trazido pelo paciente, buscando ajudá-lo a obter um mínimo de organização mental e de contato com sua experiência emocional, rumo à formulação de um pensamento, são patentes e louváveis.

Mas há risco de que esta forma de proceder adquira um tom adaptativo, que faça com que Antônio, inconscientemente, entre em contato com o desejo também inconsciente do pai sobre si. Quando se diz ao paciente que não dá para fazer de tudo na vida, e que é necessário fazer escolhas, perde-se, no meu entender, a oportunidade de dar maior vazão ao universo fantasmático. É como se a castração viesse antes da afirmação plena do desejo. Isso se torna mais patente quando se propõe ao paciente que pense mais profundamente sobre sua escolha homossexual, colocando-a em questão. Sem dúvida que toda escolha de objeto pode ser pensada numa análise, mas no contexto das entrevistas preliminares isso pode assumir uma certa tonalidade ortopédica. Antônio, de fato, dá então relevo à atração que sente por uma certa garota. Mas não seria o caso de pensar se não se trataria, aí, de um afago transferencial ao analista? Analista que, assim, seria investido pela imago paterna, a despeito do discurso consciente de condenação intelectiva do pai real. Assim como o pai, o analista "sabe", fato que pode impedir sua aproximação mais profunda com o paciente.

Ao que assistimos a partir de então, como elemento central do encontro entre paciente e analista, é o embate em torno do contrato e a insistência, por parte do segundo, sobre as duas sessões semanais, quando pai e filho se acham unidos – e, portanto, identificados – no finca-pé em torno da defesa de apenas uma sessão. Isso aparece na terceira sessão, em que o paciente alega ter outras prioridades que não a análise. E se repete na quarta, quando Antônio diz que não precisa de duas sessões semanais. Aliás, nessa mesma sessão, o analista tem uma percepção importante, que é a da possível identificação entre pai e filho em torno da onipotência e da "voracidade sem tempo e sem espaço para a elaboração".

O analista segue regiamente os preceitos da técnica analítica, mantendo-se numa linha de ação que privilegia a autonomia do paciente em torno do estabelecimento do contrato. Todavia, sabe que, em se tratando de um menor de idade, os pais são os responsáveis pelos termos do contrato. Mas confia na ideia de que o filho deve lidar com seu pai a respeito desse tema; alega que "há lacunas na comunicação" entre pai e filho, o que funciona como uma insinuação de que o filho deveria procurar ampliar o espaço de contato e de diálogo com o pai, o que não era possível, em absoluto, naquela família perturbada. Agindo assim, o analista acaba estreitando a sua via de contato também com o pai de Antônio, delegando ao paciente o trabalho de intermediação. Mas o que me parece é que a possibilidade de um eventual diálogo com o pai – que fosse uma conversa verdadeira, em que ambos os lados se escutam, e não as brigas correntes com as agressões verbais e físicas – estava exatamente na dependência dos progressos iniciais de uma análise, não podendo ser, assim, uma exigência prévia a ela, o que seria uma espécie de *petitio principii*.

O encaminhamento dado à difícil situação seria perfeito se não se tratasse de uma família tão doente. Essa linha de ação psicanalítica assumida parece ter sufocado precocemente a análise incipiente que se esboçava. Lançou o filho na identificação com o pai em torno da resistência. Esse é um fenômeno insidioso que se descortina no horizonte de uma análise: a desmentida, em ato, do discurso convencional e consciente sobre a dinâmica familiar, em torno das modalidades das relações afetivas e das próprias identificações. Pergunto-me: por que a insistência sobre as duas sessões semanais? Claro que seria melhor se houvesse mais sessões. Não é isso que quero pôr em discussão. Mas este se tornou o assunto predominante das sessões e uma condição *sine qua non* imposta pelo analista para que ocorresse a análise, à guisa de um saber indiscutível.

Claro é também que a ingerência do pai sobre a análise do filho não deve ser acolhida, e nem tampouco estimulada. O pai insistia em alijar o filho dos termos do contrato, sobretudo de seus aspectos financeiros. Mas nas análises de crianças e de adolescentes, quando sua própria condição de possibilidade reside na assunção parental da responsabilidade financeira, há que se ter um pouco mais de tato ou de flexibilidade. Penso que o desejo do analista de analisar, já exposto no telefonema que dera aos pais de Antônio depois das férias, tomando a iniciativa que deveria ser da família, se sobrepôs à necessidade de análise, apenas fragilmente sentida por Antônio e por seus pais. Na terceira sessão, algo assim se repete: ante a afirmação do paciente de que a prioridade em sua vida eram a escola e os amigos, o analista se contrapõe asseverando que, para ele, a análise era a prioridade. Isso não impediu que a força resistencial da inércia familiar viesse a prevalecer. O pai encerra o processo sem deixar nenhuma chance para conversa. Mas estaria Antônio à parte de tal processo resistencial? Creio que não, e esse é o ponto insidioso que pode nos desnortear se "acreditarmos" nas juras conscientes do paciente quando afirma ser tão diferente do pai, ou até mesmo oposto a ele...

Constitui parte do processo analítico desvendar os laços inconscientes que unem o paciente a seus familiares, inclusive fazendo com que este tome consciência de seu papel nessa engrenagem. E de levá-lo a pensar sobre a ambiguidade de seu desejo entre a ruptura e a manutenção de tais laços. Mas nos pacientes mais frágeis ou com um funcionamento mais precário, esse processo é mais difícil e merece muito cuidado. Muitas vezes eles são vítimas de uma simbiose instalada pela mãe, como é patente em Antônio. Nesses casos, como na criança e no psicótico, confiar na ideia de que os *insights* obtidos na análise são suficientes para fazer com que o paciente altere sua posição diante de seus objetos é um procedimento temerário. Lembro-me de um paciente psicótico que às vezes tinha, durante a sessão, verdadeiros *insights* sobre o jogo perverso que sua mãe lhe impunha e com o qual o controlava. Após "jurar" que não mais toleraria aquilo, saía da sessão pronto a "conversar" com ela, disposição que abandonava assim que a via e recebia de suas mãos um pequeno maço de notas de cem reais...

Penso que em casos como o de Antônio, em que é indiscutível a necessidade de análise, podemos jogar com uma margem de folga maior em torno do contrato, sobretudo quando está em cena um pai com as características que vimos. Este se sentiu ameaçado pelo eventual pacto entre filho e analista, do qual ele seria excluído, como excluído fora do pacto entre seu filho e sua mulher. Uma sessão semanal, por mais que representasse um limite significativo para o trabalho, seria melhor do que nenhuma. A análise das simbioses poderia ser feita ao longo do tempo, inclusive com a inclusão dos pais no tratamento. Ao menos assim teríamos tido uma chance.

Reconheço os benefícios de um maior número de sessões, evidentemente. Mas às vezes me pergunto se o fechamento de questão em torno disso é sempre um procedimento em benefício da análise ou se não pode ser, eventualmente, expressão de um "superego" técnico, agindo mais como guardião da "instituição" da psicanálise do que propriamente como elemento de preservação do método psicanalítico. Tenho tido muitos casos de verdadeiras análises com a frequência de uma sessão semanal, em que os benefícios para os pacientes são inequívocos. Sei que, sobre esse ponto, estou em desacordo com muitos e bons colegas, cujo posicionamento respeito. Mas, cada vez mais, julgo que a essência da análise passa ao largo de sua formalização. Não do enquadre, claro.

Referências

Bollas, C. (1992). Usos expressivos da contratransferência: notas para o paciente de si próprio. In C. Bollas, *A sombra do objeto: psicanálise do conhecido não pensado* (pp. 244-286). Rio de Janeiro: Imago.

Braunschweig, D.; Fain, M. (1975). *La nuit, le jour*: essai sur le fonctionnement mental. Paris: PUF.

Marty, P.; M'Uzan, M. (1962). La pensée opératoire. *Revue Française de Psychanalyse, 27*, número especial, pp. 345-356.

Caso 4: O Caso Luciano[1]

Apresentador – Luiz Carlos Uchôa Junqueira Filho
Comentadores – Luís Claudio Figueiredo e Silvia Leonor Alonso

Apresentação de Luiz Carlos Uchôa Junqueira Filho

Trarei à consideração uma experiência clínica que se presta, entre outras coisas, para a discussão de uma questão do *setting* psicanalítico que, na atualidade, tornou-se relevante: a intensidade da frequência de sessões é ou não parte essencial da metapsicologia?

Para tanto, falarei de minha experiência com um empresário de cerca de 50 anos que me procurou por ter ficado "órfão": seu analista de longa data resolvera se mudar de São Paulo. Ele, então, pede uma indicação à psicanalista da filha e chega a mim.

---

[1] Publicado em *Percurso*, 54, jun. 2015.

Já no contato telefônico fiquei com a impressão de alguém com dificuldade para formular suas intenções; ora parecia reticente, ora prolixo, ora até intelectualmente limitado. Ao conhecê-lo pessoalmente esse quadro emoldurou-se com uma presença anêmica, recatada ou mesmo abúlica. Além do mais, exibia certa estereotipia nos gestos e na entonação da voz que me evocaram o perfil de um *nerd*.

Um aspecto, no entanto, ressaltava com clareza: sua firme determinação de "não ficar sem análise", fato que, instantaneamente, mobilizou em mim o surgimento de vários rótulos como *dependência*, *luto*, *entretenimento* e assim por diante. Diante da perspectiva de tê-lo como analisando, a paisagem que surgia no horizonte era de algo rarefeito, arrastado e, talvez, estéril.

Gradualmente, no entanto, sua mobilização em direção à "psicanálise" me intrigou a ponto de me fazer sentir que merecia ser investigada: ofereci-lhe, então, horários que tinha disponível no momento e que, no total, se encaixariam naquilo que, eufemisticamente, alguns chamariam de "alta frequência". Ele aceita a proposta sem pestanejar e ainda acrescenta que esse patamar estava uma sessão abaixo do que ele tinha na análise anterior. Algumas semanas após o início, mostra seu interesse em contar com mais um horário semanal, solicitação que eu atendi tão logo foi possível.

Luciano, meu agora analisando, revelou-se de uma assiduidade "profissional", de uma cortesia "impecável" e de uma sinceridade "invejável". Sempre que precisava lhe telefonar demonstrava satisfação ao me atender, nunca deixava de agradecer qualquer gentileza de minha parte, era um bom pagador, contestava educadamente aquilo com o qual não concordava, em suma, era coautor de uma transferência positiva. Talvez, até, suspeitosamente positiva.

Aos poucos, um claro padrão delineou-se em nossos encontros. Chegava sempre adiantado uns dez minutos, aguardava confortavelmente seu horário, cumprimentava-me afavelmente com uma saudação oral, mas, quando cruzava comigo, me lançava um suspicaz olhar de esguelha. Dirigia-se, então, ao divã, deitava-se e, após um curto tempo de reflexão, durante o qual limpava meticulosamente seus óculos, iniciava formalmente nosso trabalho: "Bem, doutor, ontem falávamos sobre coragem..." ou "O senhor sabia que a Violeta, minha funcionária, está grávida..." ou "A Roberta [esposa] continua enchendo meu saco querendo levar toda a família dela pro sítio..." etc.

No geral, os assuntos de Luciano cobriam três áreas: família, trabalho e sua análise. Esporadicamente, comentava alguma notícia do noticiário, mas, sistematicamente, comentava a respeito de como estava conseguindo se sair bem na vida. Suas referências às vivências de nossos encontros eram escassas, a não ser comentários reiterados a respeito de meu vestuário e de minhas preferências pessoais (que ele pinçava com interesse cirúrgico a partir das minhas observações): assim, aos poucos, foi emergindo nele um claro sentimento (identificatório, idealizado, introjetivo?) de querer ser "igual a mim" (sentimento autêntico, pois, com certeza, ele nunca ouvira falar do "Si j'étais vous" de Julian Green).

Após cerca de um ano, o assunto de sua análise recebeu um reforço de peso: ele passa a relatar um episódio, ocorrido quando estava na universidade, em que teve um colapso mental que o levou a interromper um curso de alto padrão que fazia. Evoca como, naquela época, precisou "descobrir" a psicanálise sozinho, já que seus pais, imigrantes incultos, não tinham como lhe dar orientação ou apoio, a não ser em termos materiais.

Isto posto, passei a encarar a determinação, admiração e cuidado que tinha em relação à análise com outros olhos, dei-me conta de que ele aproveitava com naturalidade cada gota de suas sessões, apesar de que, se vistas superficialmente, elas poderiam parecer repetitivas e monotemáticas. Minha experiência psicanalítica, no entanto, já tinha me ensinado que precisamos tentar sempre alcançar a sutileza estética de um Monet que perseguiu a realidade última da catedral de Rouen, tentando representá-la exaustivamente a partir da multiplicidade de iluminações possíveis. Por baixo da crosta de um personagem aloprado, emergia cada vez mais alguém atento, sensível e quase ingenuamente sincero. Essa percepção ratificou também minha posição habitual de "dar corda" com um olho a conversas banais, enquanto o outro olho fica atento a qualquer brecha, deslize ou "distração" que remeta ao campo transferencial e, em especial, a todo e qualquer elemento de extração metapsicológica. No caso de Luciano, há outro padrão que perpassa suas sessões já que ele, invariavelmente, fica pulando de galho em galho quanto aos assuntos, sugerindo, muitas vezes, uma hiperatividade mental aleatória: não é incomum, porém, que subitamente ele faça um corte nessa logorreia para me interpelar com alguma pergunta irritantemente infantilizada do tipo: "Você acha que eu consigo tocar sozinho minha empresa, sem meu sócio?".

Creio, no entanto, ter chegado a hora de instilarmos um pouco de vida nesses relatos fenomenológicos, por meio da apresentação de vinhetas clínicas. Antes, porém, um breve parêntese: sempre achei que qualquer registro clínico não passa de um mero simulacro da experiência real – por isso, nunca cedi à tentação ilusória de buscar fidelidade por meio de registros mecânicos, ou mesmo de reproduções miméticas das sessões. Neste caso, no entanto, para minha surpresa, quando me dei conta, já estava fazendo algumas anotações no decurso de algumas sessões, transgredindo assim meus pressupostos racionais. Reconheci que isso ocorrera, pois eu "elegera" a experiência com Luciano para o presente relato, precisando, para tanto, reter certos ritmos de fala, certas palavras utilizadas e certos sentimentos vividos. Apropriação indébita de seu Eu? Talvez. Apropriação legítima de um material com interesse científico? Talvez.

Apresentarei uma sessão ocorrida nas vésperas de minhas férias. Em sessões recentes, dois fatos significativos tinham ocorrido. O primeiro foi que, ao saber que eu tiraria férias, deduziu que eu iria viajar e, não conseguindo saber para onde eu iria, passou a falar de uma viagem que ele queria fazer com a família, solicitando de mim ("O senhor é muito mais viajado que eu!") sugestões de roteiros. O segundo ocorreu num dia em que, ao entrar na sala, percebeu que estávamos vestindo malhas exatamente iguais: essa "coincidência" deixou-o angustiado, passando a suspeitar que pudesse ser parte de seu desejo de me imitar.

Nessa sessão, ele se deita e, contrariando seu hábito, permanece em silêncio. Sinto que poderia estar com dificuldade de se despedir de mim. Depois de certo tempo fala em tom de tristeza: "Hoje cedo acordei e ouvi uma música que meu pai gosta: comecei a chorar, sentindo que ele está velho e que vou perdê-lo".

Como permaneço em silêncio, ele comenta: "Você deve achar que tem a ver com as suas férias...".

Digo-lhe que sim e que também não podíamos nos esquecer de que, recentemente, seu outro analista viajara e não voltara.

"Continuo curioso para saber para onde você vai."

Sugiro que ele também estava "curioso" para saber para onde ele mesmo iria viajar com a família...

"Mas eu não sou o tipo de gente que não consegue admitir inveja e acho que isto é um ganho da análise. Em geral, as pessoas têm dificuldade em admitir suas taras e fraquezas, mas eu estou aqui para me expor às críticas."

Penso que ele tinha razão em sua autoavaliação: de fato, acho que ele não só era sincero consigo como, também, que se valia de seu senso de humor para enfrentar as adversidades e frustrações (aliás, como nessas ocasiões ele "ri de suas desgraças", cheguei a apelidá-lo de "risadinha", divertindo-o num primeiro momento, mas, posteriormente, lhe trazendo incômodo).

"Sabe, chamei ontem o funcionário que está demandando indenização para fazer um acordo..."

Comento achar que ele estava tentando chegar a um acordo comigo. Ele retruca de imediato:

"É verdade, a sua viagem [sic] para mim tem várias vantagens: 1ª financeira; 2ª vou poder ficar comigo mesmo; 3ª vou ter mais tempo, mas em 4º lugar, tem uma desvantagem: não era nada disso que eu queria (risos!)."

Comento que sua saída, no momento, era valer-se de seu bom humor. E ele responde:

"Nessa hora vale tudo: compreensão, paciência, bom humor... assim é a vida. É claro que a ausência de pessoas com quem a gente tem parceria faz falta..."

Lembro-lhe, então, que não deixa de ser uma oportunidade para ajeitar a parceria consigo mesmo...

"Será que um dia vou parar de fazer análise?"

Digo-lhe que este é um desenlace natural na medida em que a parceria consigo mesmo seja robusta.

"Mas eu já administro bem minha vida: por exemplo, não precisei de você para reclamar do arquiteto."

Aproveito para indagar por que ele achava que precisava da análise.

"Acho que é para não me perder..."

Pondero que, se ele sentia que administrava bem sua vida, não teria como se perder.

"É verdade, mas às vezes crio coisas que são ruins para mim. Eu faço a terapia para revisar os caminhos errados, porque os prejuízos são maiores que o investimento financeiro aqui. E não se trata do esforço financeiro, é estafante quase todo dia fazer uma revisão de suas ideias, é quase como sonhar acordado."

Sugiro que, talvez, fosse outro jeito de se proteger da separação.

"Acho que sim, você vai fazer falta, eu sei que nosso relacionamento envolve uma parte financeira, mas é como se fosse uma sombra, não é o mais importante!"

Assinalo que sua afirmação era uma coisa boa de ser reconhecida, uma maneira indireta de dizer que gostava de mim ou daquilo que eu representava.

"Isso significa eu entrar nas minhas emoções?"

Digo-lhe que sim.

"Você sabia que quando eu era solteiro meu pai pagou a terapia três anos pra mim?"

Registro que ele também se sentia grato ao pai.

"Hoje, boa parte de meu investimento é na terapia, acho mais importante do que comprar propriedades. Se eu fosse filho da Roberta eu estava perdido [sua esposa é crítica ferrenha de seu gasto com a análise]. Ou seja, prefiro vir aqui para limpar meus óculos como você falou uma vez..."

A segunda vinheta começa numa sessão em que menciona a queda de sua libido e como, talvez, precisasse combinar com a esposa um "sexo sob encomenda", ou seja, tomar Viagra para uma relação previamente agendada. Comenta que deveria tirar umas férias com ela para "fazer um programazinho" e associa com a visão de um pênis feio que viu no vestiário do clube, dando a entender que o seu era mais atraente.

Na sessão seguinte, em que eu lhe oferecera um horário melhor, ele agradece, mas conta ter tido um sonho no qual eu pulava de minha poltrona para ter uma relação sexual com ele. Comento que quando trocamos gentilezas estamos sujeitos a desdobramentos imprevistos: lembro-lhe que alguns dias antes ele se oferecera para ir à farmácia me comprar um xarope para uma tosse que me acometera. Associa com o fato de seu sócio (de quem está prestes a se separar) estar com problemas no pâncreas e que, se ele morrer, vai ter que cuidar da empresa inteira. Mas, no momento, diz, o sócio vai lhe transferir dois funcionários para melhorar a sua performance, já que "na minha jurisdição não estou conseguindo penetração".

Chamo sua atenção para a conotação desse "troca-troca" e ele, então, reconhece as implicações sexuais dos entrosamentos humanos.

Espero, com essas vinhetas, ter ilustrado minha concepção de que a análise é um trabalho de formiga, que a maior parte do tempo da garimpagem psicanalítica é gasta no trabalho braçal de separar o joio lógico e psico-lógico do trigo meta-psico-lógico. Assim, a sessão representa uma mera continuidade da evolução da realidade última da vida emocional de Luciano. A meu ver, só sua referência final a poder usar a análise para "limpar seus óculos" configura plenamente uma percepção meta-psico-lógica. De fato, logo no início da análise eu interpretei que, para melhor se enxergar no mundo, ele precisava primeiro se enxergar por dentro com o olho da mente, ou seja, através da visão interior (*insight*).

Comentário de Luís Claudio Figueiredo[2]

Às voltas com a morte psíquica

Compartilho com o autor do texto que me cabe comentar a desconfiança em relação à possibilidade de um registro clínico comunicar a experiência original como vivida na situação analisante. Contudo, não tratarei o material escrito como um "mero simulacro da experiência real", mas como uma *transformação* dessa experiência, o que tanto oculta quanto a revela, às vezes, dissimuladamente. No texto se fala de uma "sutileza estética" a ser alcançada pelo analista para ter acesso à realidade última da experiência emocional, tema a que retornarei logo mais. Algo dessa mesma sutileza está presente na própria elaboração do "material clínico" e é requerida pela "escuta" do texto. Nesta escuta, deixarei provisoriamente de lado o que é ressaltado nos dois parágrafos com

---

[2] O autor agradece as leituras de Liana Pinto Chaves, Marion Minerbo, Nelson Coelho Junior e Patrícia Getlinger.

que se inicia e se encerra a apresentação do atendimento de Luciano: a questão do *setting* analítico – em especial a frequência das sessões semanais – e a dimensão metapsicológica do método em psicanálise. A elas, porém, retornarei ao final deste meu comentário. Este, alimentado pela escuta estética do material (Figueiredo, 2014), tomará, de início, uma direção diferente.

Começarei, justamente, pelo tema da apreensão estética sutil. Há no texto uma apresentação de Luciano em que vibra uma forte presença da escuta estética e gestáltica: "precisamos alcançar a sutileza estética de um Monet para chegar à realidade última da catedral de Rouen", diz-nos o autor. É exatamente disso que se trata na apreensão de Luciano. Desde que ouve ao telefone no contato inicial até o que vai captando ao longo das sessões, o analista exerce sua atenção flutuante segundo uma modalidade que não se restringe ao acompanhamento das trilhas associativas, *à la* Freud. Trata-se, isso sim, de deixar-se afetar por detalhes do *estilo* de Luciano, seus *modos* de apresentar-se e de funcionar na vida e na relação analítica, de forma a ir compondo um quadro impressionista (a referência a Monet não é casual) em que uma figura vai se formando a partir de pinceladas que introduzem cores, matizes e nuances.

A figura que se formou, ao menos para meus olhos e ouvidos, foi a de uma pessoa às voltas com a morte. Há uma "presença anêmica, recatada ou mesmo abúlica", "algo rarefeito, arrastado e talvez estéril". "Escassas" referências às vivências nos encontros analíticos. Falta vida a Luciano.

Ao lado desse aspecto anêmico e abúlico, uma série de sinais de certa "mecanização": a "assiduidade profissional" às sessões, a "cortesia impecável", "bom pagador", uma clara tendência à "estereotipia nos gestos e na entonação da voz". O que leva o analista a suspeitar daquilo que poderia se confundir com uma mera transferência positiva, uma suspeita que nos parece bem fundada e a que retornaremos mais tarde. Essa estratégia de combater os sinais da morte com algo mecânico ainda aparece na última vinheta relatada quando Luciano imagina que pode resolver a queda da libido com um "sexo sob encomenda" combinado com a mulher.

No entanto, ficamos sabendo pouco depois que Luciano exerce durante as sessões uma "hiperatividade mental aleatória". No contexto da anemia e da estereotipia, a hiperatividade mental fez-me lembrar o texto de D. W. Winnicott (1935/1958) sobre as defesas maníacas: a excitação motora ou mental parece estar aqui a serviço de negar a realidade interna tomada pela morte; a *death inside* estaria sendo negada pela hiperatividade mental aleatória, assim como um sujeito que não sabe nadar se agita desorganizadamente e se debate ao ser lançado dentro de uma piscina. No caso, a piscina seria o próprio inconsciente a que Luciano é atirado durante a sua sessão no divã. Não espanta que tenha dificuldade em "formular suas intenções, ora parecendo reticente, ora prolixo". A reticência atesta a falta de vida, a prolixidade vem da parte da defesa maníaca.

Contudo, sua ligação à análise – e quanto mais sessões semanais, melhor – é indiscutível. A questão que se coloca é: qual a natureza dessa ligação? A direção desse tratamento vai depender, como sempre, de fazer dessa ligação peculiar um instrumento de pesquisa e de transformação psíquica.

Um elemento decisivo para arquitetarmos uma tentativa de resposta é a referência histórica ao "colapso mental" em seu período universitário, ocasião em que "descobre a psicanálise" na ausência de outras fontes de sustentação ("pais, imigrantes incultos" que só poderiam oferecer algo material).

Seguindo mais uma vez Winnicott, entendemos o colapso como decorrente da ruína dos aparatos defensivos que deixam o sujeito à beira do abismo, na antecâmara da morte. Por isso, a "descoberta da análise" representa a descoberta de uma possibilidade de *ligação à vida*, ligação à vida de sua realidade interna estraçalhada pelo colapso. Essa ligação tira Luciano da *agonia*. Como sabemos, Winnicott (1963/1989) fala em "agonia" em seu famoso texto "O medo do colapso" para sugerir uma diferença entre o que ocorre em situações de agonia do que pode ser experimentado em momentos de angústia, mesmo o de angústias muito intensas e primitivas. Não cabem dúvidas: as angústias são reações da vida ameaçada; já a agonia – frequentemente muito menos ruidosa – é própria da morte anunciada. Justamente o que caracteriza o colapso.

Descoberta como "ligação com a vida" em momento extremo de agonia, a psicanálise tende a se perpetuar e repetir nesta função. Impossível ficar sem ela, quanto mais sessões semanais, melhor; é nesse contexto que se forma o que me parece uma transferência narcísica que passa, entre outras coisas, pela identificação adesiva com o analista e com sua imitação. Na mesma direção, vai sua expectativa de fazer uma viagem seguindo um roteiro dado pelo analista, uma forma sutil de viajar acompanhado por sua "ligação com a vida". "Ser igual" ao analista não parece, efetivamente, caracterizar uma introjeção transmutadora, mas um instrumento para manter-se em vida, o não "me perder" de Luciano. Como está bem claro ao analista, é um jeito de "se proteger da separação". Cabe, no entanto, ir adiante: trata-se do pavor de separar-se de uma "ligação com a vida" a ser acionada vezes sem conta para não recair novamente na agonia da perdição.

O modelo que me ocorre é o da hemodiálise. Cabe ao analista e à sessão de análise realizar quatro vezes por semana uma sessão de hemodiálise mental em que Luciano se sinta revitalizado. Talvez mais do que "limpar seus óculos", trate-se de desintoxicar-se, "limpar seus rins". Como diz o analista, Luciano "aproveita cada gota de suas sessões", pois lhe parecem gotas do sangue purificado. Quando isso falta, eis que a agonia retorna e o pavor de se perder assoma. O problema, porém, é que isso pode se repetir *ad infinitum*, sem produzir transformações efetivas.

Em dado momento do texto, o analista, ao que parece, afetado pela presença da morte em Luciano, diz-nos "ter chegado a hora de instilarmos um pouco de vida nesses relatos". Acredito que esse "pouco de vida" não dependa tanto das vinhetas clínicas, nem, diretamente, da metapsicologia. Em parte, porque o "pouco de vida" é o que já está sendo instilado em doses diárias nas sessões de hemodiálise mental. Mas isso, como se viu, não basta, porque acaba fazendo parte do circuito das repetições. O "pouco de vida" parece vir de outro lugar. Aqui chama minha atenção o recurso ao humor, o que é muito bem assinalado pelo analista.

Creio que uma direção da cura analítica que vá além da hemodiálise passa pelas virtudes da "compreensão, paciência e bom humor", como o próprio Luciano admite. Substituir o recurso à hemodiálise por "compreensão, paciência e bom humor" é o trabalho psíquico lento e a ser feito pela dupla. Ao humor caberia, fundamentalmente, o estabelecimento de alguma separação no campo tomado pela adesividade. Pelo bom humor, entre outras coisas, obtém-se algum descolamento na relação entre Luciano e seu analista, por exemplo.

Talvez desse lento trabalho psíquico compartilhado já resultem a possibilidade de fazer contato com a realidade interna, reconhecer seus desejos e sua capacidade de reconhecimento e gratidão diante do analista e do pai. Talvez seja nesse momento do processo que a ideia de fazer um acordo com o "funcionário que está demandando indenização" possa ser acolhida como uma autêntica evolução da situação transferencial. Com a máquina de hemodiálise não há espaço para negociações, mas com o analista que começa a sair desse lugar, sim. É claro que nenhuma indenização poderá compensar Luciano por seu colapso e por suas agonias. Mas algum acordo, o que sempre pressupõe a possibilidade de alguma renúncia, vai se tornando possível.

No entanto, à medida que Luciano sai do plano da agonia, abrem-se para ele os campos das angústias, como aparece no sonho da relação homossexual com o analista e na relação com o sócio. Aliás, neste caso tanto temos a problemática da morte, mas agora projetada na doença do pâncreas do sócio, como a do troca-troca erotizado e por isso angustiante. Tais angústias serão, como já parecem estar sendo, emergentes bem-vindos que marcam mudanças importantes no psiquismo de Luciano. A elas provavelmente se dedicarão os esforços terapêuticos do analista, embora sua escuta ainda precise estar atenta às ressurgências da *death inside* e às estratégias consagradas de Luciano em lidar com sua agonia negando a realidade interna morta.

Podemos agora reencontrar as preocupações originais do autor: a questão da frequência e da metapsicologia.

Procurei acompanhar o relato e o analista em seu "trabalho de formiga", deixando-me afetar pelos indícios do que se passava entre ele e Luciano. Certamente, tentei, porque também acho indispensável, transpor o plano fenomenológico para, a partir da metapsicologia, lançar um segundo olhar. É aqui que se tornou para mim importante distinguir a agonia subjacente de Luciano de suas angústias, e sugerir que a transferência positiva é realmente "suspeita", pois coloca a análise em uma situação, simultaneamente, de muito poder e poder nenhum. Realmente, a aparente transferência positiva encobre uma fortemente negativa, a que paralisa e produz imobilidade, repetição. Como parte da máquina de hemodiálise mental, o analista pode "dar vida" – o que é muito –, mas não pode produzir *insight* ou mudança. É evidente que não caberia ao analista recusar-se a ocupar o lugar que Luciano lhe destina na transferência narcísica. "Compreensão, paciência e bom humor", porém, permitirão que, a partir dessa posição, alguns *insights* tornem-se possíveis, que a realidade interna tomada pela morte possa ser acessada e não apenas negada pela defesa maníaca e pela identificação adesiva.

Considerando esse conjunto de questões, posso sugerir que a frequência semanal precise ser considerada de forma bem matizada. Se a análise correspondia, ao menos inicialmente, a uma sessão de "hemodiálise mental", a alta frequência é ao mesmo tempo compreensível, necessária e insuficiente. Compreensível e necessária, pois sem ela Luciano retorna à situação agônica de seu colapso. Insuficiente porque, assim como nenhuma hemodiálise cura uma doença renal, a mera repetição quatro, cinco, seis ou sete vezes por semana de um encontro analítico não gera *insight* ou transformação.

Contudo, será a partir dessa situação e nela se apoiando que o trabalho analítico poderá criar para a análise e para o analista um lugar diferente. Quando esse lugar puder ser ocupado, o que parece já começa a ocorrer, as quatro sessões semanais poderão se converter em uma base muito favorável ao processo analítico. No entanto, é provável que Luciano procure experimentar um pouco de sua nova condição em termos de libertar-se da máquina de hemodiálise, reduzindo um pouco a frequência. O que eu não veria com maus olhos...

Referências

Figueiredo, L. C. (2014). As escutas em análise e a escuta poética. *Revista Brasileira de Psicanálise, 48*, pp. 123-137.

Winnicott, D. W. (1958). The manic defence. In D. W. Winnicott, *Collected papers: through paediatrics to psycho-analysis.* London: Tavistock. (Trabalho original de 1935)

Winnicott, D. W. (1989). Fear of breakdown. In D. W. Winnicott, R. Shepherd e M. Davis (eds.), *Psycho-analytic explorations.* London: Karnac. (Trabalho original de 1963)

Comentário de Silvia Leonor Alonso

Entendo que a inclusão da seção "Debates clínicos" na revista *Percurso* tenha surgido na tentativa de favorecer uma conversa dos analistas sobre a clínica. Perante a existência de teorias diferentes na psicanálise e sua transformação em "escolas", que produziram uma fragmentação no movimento psicanalítico e transformaram os pertencimentos institucionais em guetos fechados, vivencia-se há bastante tempo uma dificuldade de diálogo entre os analistas. Uma torre de Babel na qual aparentemente cada termo precisa ser redefinido ou reinserido numa construção de sentido, já que as mesmas palavras querem dizer coisas muito diferentes para cada analista.

Entendo então que a proposta de oferecer um material clínico anônimo e sem referência teórica ou institucional tende a deixar de lado as transferências imaginárias e preconcepções sobre os pertencimentos que possam dificultar a troca. Toda iniciativa de favorecer as trocas de experiências entre analistas me parece valiosa, sobretudo porque a complexidade do ofício e o isolamento que o seu exercício nos demanda só podem ser beneficiados com ela. No entanto, não podemos cair na ilusão de pensar que um material clínico seja uma "pedra bruta" que está lá para ser analisada desde diferentes pontos de vista. Um material clínico é uma construção que um analista faz a partir da fala em transferência de um analisando, dos seus pensamentos e intervenções, assim como daquilo que é produzido no próprio encontro. Mas, além disso, o material clínico é um recorte que um analista faz, incluindo ou excluindo dados cuja importância ou falta desta se determina a partir de seu percurso formativo, suas crenças e seus suportes teóricos. Esse recorte restringe e pode às vezes dificultar o trabalho do comentador.

Neste caso, o relato começa apresentando o analisando (homem de 50 anos) como um empresário e um "órfão". Empresário é um lugar na vida de trabalho e com ressonâncias na vida financeira, enquanto "órfão" não se refere à história de vida do analisando, e sim à perda da análise: uma longa análise que foi finalizada pela mudança de cidade do analista.

O analisando, na primeira impressão do analista, é alguém muito limitado: presença anêmica, fala restrita, gesticulação estereotipada e com uma *dificuldade para formular suas intenções*, o que faz com que me interrogue: trata-se de uma restrição oriunda de uma inibição, depressão ou forte recalque? Quanto essas características são básicas do psiquismo do analisando e quanto estão acentuadas pela sombra da perda não processada, bem como do desequilíbrio narcísico que ela pôs em jogo? Tudo parece pouco, inclusive a descrição que o analista faz é de poucas palavras, no entanto uma intenção do analisando aparece com força: a determinação de *não ficar sem análise*. Procura curiosa, em que a análise parece estar como alvo grande de investimento, mas cuja presença aparece na frase negativa – aquilo que *não pode faltar*.

Perguntei-me como esta análise começou. A palavra *gradualmente* me faz pensar numa aproximação aos poucos, mas nada nos é relatado; será que aconteceram conversas preliminares ou será que tudo se restringiu a um encontro para estabelecer o número de sessões e os horários? Pessoalmente, penso que as entrevistas de início de uma análise têm um lugar importante, em número que varia com cada analisando. Entrevistas que não são consulta nem anamnese, nas quais a escuta analítica se coloca desde o início para descentrar a fala de seu caráter comunicativo ou confidencial. Elas nos ajudam a nos localizar perante a demanda, levantar as primeiras hipóteses sobre quem está na nossa frente e pinçar o ponto de sofrimento a partir do qual somos procurados. Além disso, esses encontros nos permitem mapear as condições necessárias para estabelecer o *setting*. Se não trabalhamos com um *setting* previamente estabelecido pela instituição, e se o número de sessões, o uso ou não do divã e outras variáveis possíveis do *setting* se estabelecem em cada caso singular, como isso poderia ser feito sem entrevistas iniciais?

Nessa procura em particular, mais um motivo se soma: as primeiras entrevistas serviriam também para marcar uma "descontinuidade" com a análise anterior interrompida, para interrogar a demanda e separar aquilo que poderia ser um ponto de partida dessa análise, e para recortar e circunscrever aquilo que pode ter ficado enganchado no "acontecimento atual" da interrupção da análise.

Alguns movimentos na transferência: o analista descreve o analisando como cortês, assíduo, educado, bom pagador, o que o leva a afirmar que é coautor de uma *transferência positiva* e, a seguir, acrescenta *suspeitosamente positiva*; concordo com a suspeita do colega, aqui há algo que merece uma interrogação. Sabemos que a transferência não define seu signo positivo ou negativo pelo afeto que aparece: amor ou ódio. Se assim fora, Freud nunca poderia ter afirmado que a transferência erótica (na qual o analisando se apaixona pelo analista) seria uma transferência negativa. Essa negatividade está por Freud colocada em relação ao próprio trabalho de análise, ou seja, a transferência erótica é negativa porque age como resistência, obturando o trabalho de análise e seu prosseguimento. É negativa para Freud porque se fixa num ponto, se agarra à pessoa do analista, impedindo que a associação livre continue funcionando. Na transferência erótica, há uma imobilização num objeto de amor e idealização que paralisa o movimento de ligação/desligamento, interrompendo a transferência de representações. Lendo o relato, me interroguei quanto de resistência havia nesse ficar fixado na identidade de "bom filho". De resistência a se expor aos desdobramentos possíveis da fala, talvez ameaçadores, assustadores. Sabemos que não são poucas as vezes que numa análise uma identidade fixa se monta como resistência. Protegendo do quê? De um medo de fragmentação egoica, de fortes pulsões recalcadas, ou de conflitos nos quais teme se perder?

Nesse primeiro momento, a pulsão escópica age na cena transferencial. "Aos poucos, um claro padrão delineou-se em nossos encontros. Chegava sempre adiantado uns dez minutos, aguardava confortavelmente seu horário, cumprimentava-me afavelmente com uma saudação oral, mas, quando cruzava comigo, me lançava um suspicaz olhar de esguelha. Dirigia-se, então, ao divã, deitava-se e, após um curto tempo de reflexão, durante o qual limpava meticulosamente seus óculos, iniciava formalmente nosso trabalho: 'Bem, doutor, ontem falávamos sobre coragem'..." A pulsão escópica, no movimento de ver, fisga o corpo do analista, estendido no seu vestuário, e fica lá, agarrado, com dificuldade de se separar no movimento de se deitar no divã. Uma vez deitado, emenda as sessões: "ontem falávamos...", eliminando o tempo da ausência. A isso se somam os pedidos de resposta diretos, que chamam à pessoalidade do analista, ou seja, tentam preservar a contiguidade evitando o vazio da ausência, vivido como mortífero.

No agir da pulsão escópica, o analisando fisgava o corpo do analista na tentativa de uma identificação que os juntasse; na curiosidade sobre sua vida pessoal, tentava eliminar o terceiro ausente. Algum movimento vai sendo feito na cena transferencial na medida em que se nomeia: *"quer ser igual a mim"*. Um deslocamento acontece, se abre um espaço para que algo seja enunciado como desejo, e desejar ser igual ao outro implica que exista um outro.

Outro ponto: o analista chama o sentimento de um *sentimento autêntico*, "*pois com certeza, ele nunca ouvira falar do 'Si j'étais vous' de Julian Green*" – texto que, evidentemente, o analista toma como uma metáfora da situação transferencial. Trata-se da história de Fabien, narrada pelo escritor americano de língua francesa, do jovem que fez um pacto com o diabo para poder assumir a identidade das pessoas cujas vidas quer ter. Basta a pronúncia do nome para converter-se em outro, até o infinito. No final da história ele volta a seu corpo e morre em paz junto à mãe. Melanie Klein (1955/1965), no seu texto sobre identificação de 1955, comenta a obra de Green, entendendo o movimento identificatório como tentativa de superar angústias psicóticas, e questiona seu final. Quando Green soube da crítica, disse que na primeira versão da história o jovem retoma o pedido ao diabo, num movimento infinito, sendo este o inferno. É na repetição sem fim que moram os demônios, e onde o psiquismo é devorado pelas chamas da destruição. Sabemos que a não finitude, a imortalidade, é pilar fundamental do sistema narcisista.

No entanto, a afirmação do analista "*era um sentimento autêntico porque com certeza ele nunca ouvira falar do 'Si j'étais vous' de J. Green*" me interroga. Penso que, se o analisando tivesse lido o texto e falasse dele, isso não faria com que o sentimento deixasse de ser *autêntico*. Alguém falar na sessão do que lê, pensa ou lembra não implica necessariamente que esteja fugindo do afeto: pode não ser uma defesa, e sim uma forma de deixar o afeto se dizer. Mas aqui valeria uma troca sobre a metapsicologia do afeto.

Nesse momento do relato, a demanda de análise se ressignifica, ligando-se ao sofrimento: aparecem as intensas vivências desorganizadoras do "*colapso*". Importante, pois é o sofrimento que justifica nossa prática. Mas me interrogo, o que está sendo chamado de colapso? O que aconteceu com esse adulto jovem que não pôde sustentar a continuidade do *curso de alto padrão*? Conflitos com a sexualidade que não conseguia processar por falta de referências paternas? Angústia de ir mais além do pai? Ou um verdadeiro desmoronamento do sistema de defesa?

O momento que quero destacar no relato é do surgimento da angústia. Ao ver as malhas idênticas dele e do analista, algum sinistro do duplo parece se instalar. A fala se abre para a angústia, surgiu o estranhamento perante essa forma identificatória. Algum efeito de sinistro que talvez abra um espaço de processamento para novos equilíbrios narcísicos.

A presença de uma ausência: a sessão começa com um silêncio, *contrariando o hábito*. No silêncio se instala uma descontinuidade entre as sessões, não começa dizendo: "*como falávamos ontem*", como se não tivesse existido intervalo e, portanto, ausência. Mas penso também que a pausa na fala separa seu corpo do corpo do analista, pois sua fala logorreica, sem pausa, bem podia ser uma tentativa de manter uma continuidade permanente entre sua boca e o ouvido do analista.

Nessa pausa surge a fantasia de uma ausência antecipada: "*Hoje acordei cedo e ouvi uma música de que meu pai gosta: comecei a chorar, sentindo que ele está velho e que vou perdê-lo*". A presença possível da ausência na fantasia da finitude transforma a imagem de um pai, fazendo-o finito e mortal. Depois desse momento, prenhe de afeto e de sentido, volta para o analista, quer saber de sua viagem, de suas férias, tenta mais uma vez enganchar-se a sua pessoa como ideal invejado. Oscila entre perder-se no Outro ou perder o Outro; mas oscila também entre a passividade – estou aqui para me expor às críticas – e a recuperação da atividade e da potência – "*chamei ontem o funcionário que está demandando indenização para fazer um acordo*". Pergunto-me de que negociação se trata; penso que interrogar esse acordo poderia ser um caminho interessante. O analista opta por trazê-lo novamente para si: *está tentando chegar a um acordo comigo*. Esta me parece uma entrada complicada que pode favorecer o lugar da resistência, em vez de abrir caminhos associativos que aprofundem no conflito paterno. Corre-se o risco de manter um diálogo comunicativo que se restringe a uma dualidade especular e que mantém de fora o terceiro ausente. Cito Fédida (1991, p. 59): "o destinatário transferencial é um ausente pelo qual o analista não deve se tomar... Se a pessoa do analista se torna demasiadamente presente ela acabará por legitimar uma falsa conexão... e, nessas condições, por fazer do seu 'próprio eu' a representação superestimada de um alvo acomodado como uma resposta".

De qualquer forma, a ausência vai sendo reconhecida na sessão: da fórmula em negativo "a análise que não pode faltar", a negação da ausência vai transformando-se em frases afirmativas como a ausência reconhecida, a ausência das parcerias das quais se sente falta. Junto com isto a análise que não podia faltar é interrogada como finita: "*será que algum dia vou parar de fazer análise?*".

O pai retorna na sessão: "*sabia que quando eu era solteiro meu pai pagou a terapia por três anos para mim?*". Retorna pela via do dinheiro, é nesse lugar que ele reconhece a presença do pai e se identifica com ele. O analisando ganha o dinheiro e o usa de acordo com sua vontade, paga sua análise, se identifica com o pai pagador e nessa identificação adquire um grau de autonomia, deixando o lugar de filho: "*Se eu fosse filho da Roberta estava perdido [ela não o deixaria pagar a análise]*".

Mas o que fazer com as faltas do pai? "*Pessoa inculta que não podia acompanhá-lo na procura de uma análise, só dar-lhe apoio material*". Pergunto-me se será esta a negociação que está difícil de fazer. Como negociar as faltas no pai? Parece-me que, até agora, para não deparar com elas, vive pedindo indenização. Exige que o analista culto e viajado lhe dê permanentemente respostas diretas, lhe faça o roteiro da viagem, ou seja, lhe satisfaça as necessidades e não lhe falte nunca. Mas aqui ele se perde num lugar filial, sem poder processar a orfandade.

Penso que algum deslocamento aconteceu, permitindo outro caminho da pulsão – do ver e ser visto ao ver-se. Termina a sessão falando que vem para limpar os óculos, metáfora usada pelo analista.

A segunda vinheta clínica não tem uma sessão reproduzida e sim uma síntese de duas, nas quais a temática é a sexualidade. Nelas "o olhar" está colocado no corpo sexuado, olhar que serve não para perder-se no outro, mas como instrumento da curiosidade sexual, com tudo que esta implica de jogos desejantes, de troca-troca, mas também de rivalidades. Algo no eixo da potência/passividade está em jogo, mas não tenho dados suficientes para especular sobre escolhas objetais; só quero lembrar a importância que a passividade perante o pai e o querer receber algo dele têm na construção da masculinidade (remeto a Bleichmar). De qualquer forma, nessa segunda vinheta estão presentes conflitos neuróticos, assim como tentativas de reequilíbrio narcísico perante as dificuldades da potência. Há uma atividade fantasística importante, inclusive com a produção de um sonho, parecendo-me um momento importante da análise.

O colega começa e termina o relato levantando uma questão sobre a relação entre a metapsicologia e o *setting*. Penso que a relação é muito direta, não há experiência analítica que seja mera produção intersubjetiva da dupla, assim como não há teoria que não passe pela clínica e pela análise. A metapsicologia tem que estar presente como referência de pensamento necessária num processo de análise. Referência que, como afirma Pontalis, nos permite estar no informe sem nos perdermos no caos.

Para Freud, a metapsicologia está na base do método. O método psicanalítico encontra sua justificativa, seu fundamento e seu poder de transformação porque o psiquismo funciona de determinada maneira. A metapsicologia é o conhecimento das dimensões tópicas, dinâmicas e econômicas do psiquismo, nas suas relações entre as instâncias psíquicas, que em geral estão em conflito.

Sabemos que a relação entre a teoria metapsicológica e a prática analítica não é de aplicação e que a teoria na psicanálise não é um sistema filosófico. A metapsicologia não é uma metafísica, ela está sempre atravessada pela fantasia e inclui no seu bojo o poder metafórico; mas é uma produção conceitual necessária e uma referência fundamental no exercício clínico.

Em relação ao *setting*, entendo que, na medida em que este não está determinado institucionalmente e é estabelecido em cada análise, exige o conhecimento metapsicológico, ou seja, o mapeamento do terreno psíquico em que estamos pisando para o estabelecimento do enquadre.

Entendo que a teoria com liberdade de pensamento, a disciplina do método e a flexibilidade da técnica são os três pilares básicos do ofício analítico, mas que a flexibilidade da técnica só é possível com um rigoroso conhecimento da metapsicologia. Mas será que conseguiríamos concordar na resposta à pergunta: "o que entendemos por metapsicologia?".

Referências

Bleichmar, S. (2006). *Paradojas de la sexualidade masculina*. Buenos Aires: Paidós.

Fédida, P. (1991). *Nome, figura e memória*. São Paulo: Escuta.

Klein, M. (1965). Sobre la identificación. In M. Klein, *Nuevas direcciones en psicoanálisis*. Buenos Aires: Paidós. (Trabalho original de 1955)

Caso 5: O homem que ia ao bairro escuro[1]

Apresentador – Rodolfo Moguillansky

Comentadores – Bernardo Tanis e Isabel Mainetti de Vilutis

Apresentação de Rodolfo Moguillansky[2]

No começo da década de 1990, Pierre, um arquiteto europeu, foi transferido para a nossa cidade pelo escritório onde trabalhava. Pouco antes de vir para a América do Sul, fez uma consulta com um psicanalista em sua cidade de origem, pois temia se desestruturar com a mudança; por indicação dele me procurou ao chegar em nosso país.

Comenta nas primeiras entrevistas, sem grande angústia, que há muitos anos se embriaga e procura prostitutas. Nessas ocasiões, também consome largamente cocaína e maconha. Até então essa atividade ficava restrita a seus espaços de ócio, mas ultimamente tinha vontade de fazer o mesmo no horário de trabalho, vendo isso como uma ameaça de descontrole. Do ponto de vista manifesto, esse

---
[1] Publicado em *Percurso,* 55, dez. 2015.
[2] Tradução de Sérgio Telles.

era o motivo de sua consulta. Ficara muito impressionado com o que o analista com quem se consultara antes havia lhe dito – sua vida poderia ficar caótica se tivesse que parar de trabalhar. Na realidade, tem muito sucesso em sua profissão e isso é o que durante todos esses anos o tem mantido organizado.

Nas primeiras sessões, Pierre se mostrava como um homem sem recordações. Não se interessava por sua história, considerava que sua vida prévia havia deixado de lhe pertencer, só lhe interessava o presente. Dizia ter-se feito a si mesmo, só confiava em suas próprias forças e se sentia orgulhoso por não depender de ninguém.

Mais tarde contou como havia se casado aos 20 anos com Claire, uma mulher quinze anos mais velha que ele, pouco tempo depois de ter ela enviuvado de Jacques, um homem que tinha desenvolvido uma atividade importante em seu país e por quem Pierre tinha uma grande admiração, sendo um protegido dele.

Sua relação com Claire foi sempre precária. Para ele era importante não se sentir preso a qualquer vínculo. Numa evidência de seu desapego, um ano antes de deixar o seu país, de um dia para o outro abandonou Claire e foi viver com Marie, sua assistente. Marie era filha de um homem influente e também admirado por Pierre. À luz da análise posterior, vimos que esse dado era importante: as escolhas amorosas de Pierre são por mulheres que estão ligadas a homens admirados por ele.

Mais tardiamente falou sobre sua família de origem. Viviam numa cidadezinha do interior e quase não os via. Pierre era o mais velho de seis filhos. Descrevia seu pai como um homem extremamente egoísta, voltado para seu mundo, a pintura, sem grande contato com o resto da família, passando bêbado a maior parte do dia. Os pais sempre dormiram em quartos separados. Embora isso não fosse um traço da cultura local, o fato não chamava a atenção de ninguém. Os filhos homens, à medida que cresciam, iam para o quarto do pai, enquanto os bebês que iam nascendo e as filhas mulheres dormiam com a mãe. Sua mãe, uma mulher muito religiosa, o escolhera, já na puberdade, como confidente de seu casamento infeliz e queria compartilhar com ele os cuidados com os filhos menores e a economia doméstica. A obsessão de Pierre era sair o quanto antes dessa casa cheia de irmãos. Dois de seus irmãos são homossexuais e os outros três ingressaram em ordens religiosas. Em sua adolescência foi um exímio desportista, ganhando em pouco tempo bastante dinheiro e libertando-se precocemente da economia doméstica. Pierre se afastou mais da família quando foi estudar numa universidade em outra cidade, ingressando inicialmente na política e, em seguida, no mundo dos negócios.

A procura de uma psicanálise por parte de Pierre estava marcada pelo temor ao fracasso de seus mecanismos dissociativos. Estava assinalada pela esperança de recuperar o controle obsessivo que estabilizava sua cisão e o ajudara a manter a ficção onipotente de que controlava sua vida, negando quão escravizado estava por sua compulsão a ir ao bairro das prostitutas. Com essa expectativa e movido pelo desespero, aceita a contragosto analisar-se, pondo-se pela primeira vez sob os cuidados de alguém, o que fazia dentro de um clima de intensa paranoia que se desenvolvia na transferência. A pouca história recordada tentava explicar a razão desse modo de sentir. Surgia de seu relato uma família de origem com uma organização peculiar: seus pais não configuraram um espaço privado nem lhe proporcionaram o amparo necessário. A isso se somava a relação cúmplice, com certa conotação incestuosa, que sua mãe lhe propunha, e o peso de uma "montanha de irmãos". Isso, a seu ver, havia precipitado seu precoce salto para diante, reforçando seu anseio onipotente de bastar-se a si mesmo. Descrevia como irrelevantes suas relações com Claire e com Marie, ainda que mascarassem um intenso vínculo com homens admirados.

Durante o primeiro ano, fomos "armando a cena" do que ele chamava de "o bairro escuro". Na realidade, o primeiro nome que usou na análise foi "bairro vermelho" ou *Zeedijk*, por referência ao bairro dos marinheiros de Amsterdã que havia frequentado algumas vezes. "Bairro escuro" era a zona de prostíbulos da cidade em que vivia antes de vir para a América do Sul. A mudança de nome demorou vários meses e foi um marco. Foi o início de uma menor reticência, mas ele não recordava o que acontecia enquanto estava no "bairro escuro". Essa falta de memória não só envolvia sua permanência nos prostíbulos como incluía as horas posteriores, quando chegava em casa e verbalmente maltratava Marie, sua mulher. Não recordava no dia seguinte o que havia acontecido, não entendia as queixas e acusações que Marie lhe fazia ao despertar.

A sequência "bairro escuro" se iniciava logo depois do trabalho, sobretudo se acreditava que havia sido um dia ou semana exitosa. Dizia-se a si mesmo: "você merece, trabalhou para isso", o que funcionava como uma autorização para começar a tomar álcool, embebedar-se e, em seguida, andar por diversos bordéis até contratar prostitutas, geralmente duas, às quais pedia que se vestissem com roupas masculinas. Fazia com que elas praticassem jogos sexuais entre si, não permitindo que o tocassem, enquanto cheirava cocaína. Com frequência não ejaculava, não era esse o fim que buscava. Apenas ao voltar para casa, já sozinho, se masturbava.

Orgulhava-se de ser muito cuidadoso, mas dentro do "bairro" deixava de lado todo resquício de prudência e, ainda que habitualmente muito regrado em seus gastos, quando no bordel gastava muito dinheiro. Era notável como os costumes, hábitos, valores e ideais que aparentemente regiam sua vida fora do "bairro escuro" ficavam suspensos quando ali estava.

Com o correr das sessões, foi falando mais desse outro espaço que habitava e do qual, não obstante, parecia não ter muita consciência, ao menos em seu pensamento verbal.

"Armar a cena", com essa frase descrevíamos como foi tomando forma, na sessão, esse outro mundo.

"Armar" me parece que representa bem o que foi sucedendo, já que o que ele sentia no princípio era só uma série de sensações voluptuosas, momentos desarticulados, que não guardavam relação entre si.

"Cena" digo porque quando, com dificuldade, se foi armando um relato, vimos que se tratava de uma mesma configuração que se montava sempre com iguais características. Uma espécie de ato teatral, uma atuação que mecanicamente se repetia: ele olhando duas mulheres vestidas de homem, com as quais não tinha contato físico, que mantinham um jogo sexual entre si ordenado por ele. Na cena se instalava um mundo marcado por uma pluriexcitação sensual, que proporcionava uma sensação de saturação sensorial. Pierre tratava de evitar a ejaculação, procurava manter um nível constante de excitação que não arrefecesse. Esse nível de erotização, vimos mais adiante, formava parte de uma estratégia defensiva ante a perseguição e o desamparo.

Sua atuação dentro do "bairro escuro" lhe proporcionava diversos prazeres. Sentia-se dono das pessoas que o rodeavam. Eram como marionetes cujos fios manipulava. Elas deviam montar uma cenografia ambígua, na qual ficavam apagadas as diferenças sexuais. O que certamente faltava ali era a alegria de viver e, além disso, suas ideias ficavam dispersas, tudo transcorria num tempo paralisado.

Demorou muito para encontrar palavras que descrevessem sua experiência emocional e com elas construir uma narrativa.

Com o avanço da análise foi tomando mais consistência seu relato sobre o "bairro escuro" e começou a experimentar pudor. Ante seu sentimento de vergonha, violentava-se e assumia uma atitude de desafio. Ao narrar sua vida no "bairro escuro", se instalava nele a sensação de conflito, percebendo a incongruência entre dois modos de pensar.

Tomou conhecimento – meses mais tarde – do caráter compulsivo de sua atividade no "bairro escuro". Se deu conta que, uma vez que a começava, tinha que completá-la, descobriu que nenhum impedimento a interromperia. A consciência da marca compulsiva de sua ida aos prostíbulos foi um segundo índice, junto com os traços de pudor, de uma cisão que começava a ter fissuras. A atuação deixava de ser algo alheio à sua consciência e à sua memória. Correlativamente perderam consistência seu discurso autossuficiente e a ilusão de que sua vontade decidia o que ocorria em sua vida.

Percebeu então que sentia e agia de forma completamente distinta no "bairro escuro" e fora dele. Ficou muito comovido quando o analista lhe fez notar o caráter alienado de suas excursões ali. Podemos descrever como deixavam de existir as considerações morais e éticas que tinham um papel tão importante em sua vida. Costumava se gabar de uma honestidade e uma correção em sua vida cotidiana que beirava à timidez carola.

A comoção que teve ao notar esse duplo modo de ser o levou a uma tentativa de solução: argumentou que as prostitutas que contratava tinham sorte, ele as tratava bem e não regateava por seus serviços.

Essa tentativa desajeitada de fechar a brecha que se abria não subsistiu por muito tempo. Fez-se evidente a má-fé colocada em jogo, como se, a partir de seu lado escuro, recorresse a um discurso mentiroso e enganador. Com ele tentava distorcer o mundo para adequá-lo a seu modo de ver. A interpretação mantida nessa tentativa o levou a explorar sua relação com as prostitutas. Isso começou nos últimos anos. Antes, durante os primeiros tempos de seu casamento com Claire, tinha prazer em seduzir as mulheres, não pelas eventuais relações que mais tarde daí poderiam brotar, mas pela sensação de euforia que lhe proporcionava comprovar que as podia conquistar. Claire tinha conhecimento das múltiplas relações que Pierre mantinha e, mesmo não sendo de seu agrado, não fazia maiores objeções. Mais tarde convenceu Claire a participar de jogos sexuais com outras mulheres. No último período de seu casamento, Claire permitia que Pierre convidasse mulheres para compartilhar a cama com eles. No curso da análise, Pierre chegou à conclusão de que Claire sofria com suas aventuras extramatrimoniais, que as camas redondas não eram desejadas por ela e que ela assentia como uma forma de retê-lo a seu lado. Essa percepção gerou uma enorme angústia. Não tolerava supor que fizera sofrer alguém ou que o forçara a fazer algo contra sua vontade e, no entanto, era evidente o caráter tirânico e cruel de sua atitude.

Tratou de demonstrar que desfrutavam e participavam com igual entusiasmo de um jogo sexual minuciosamente preparado. Iam com frequência a Paris e lá frequentavam uma loja que vendia *lingerie* erótica, com a qual se vestiam.

Quando, com o tempo, pudemos reconstruir com mais precisão a cena, vimos que era ele quem comprava as peças, pedia a Claire que pusesse roupas masculinas, enquanto ele, por sua vez, usava roupas femininas. Ele a maquiava e se maquiava também. Mais tarde esclareceu que tanto a roupa como a maquiagem tinham algo de ambíguo, mas mesmo assim quem portava os adereços femininos era ele.

Surgiu na análise sua crença de que quem manda nas relações humanas são as mulheres, e então, a partir de sua vestimenta feminina, exerce o poder sobre essas mulheres com roupas viris. Chegou a admitir que provavelmente Claire não estivesse tão fascinada como ele com esses jogos sexuais, participava deles como uma forma de agradá-lo. Foi-se fazendo cada vez mais evidente seu ataque à feminilidade.

Um momento de inflexão na análise foi o sonho do carrossel (*tiovivo*, em espanhol), logo depois do nascimento de seu filho. Quase não havia mencionado a gravidez da mulher, era um assunto dela, totalmente alheio para ele. Não quis acompanhá-la às visitas ao médico durante a gravidez nem ficar na maternidade durante o parto e pós-parto. Mesmo assim, com a chegada de Max em sua casa, começou a falar mais dele e a mostrar uma preocupação inusitada. Em poucos dias, contou esse sonho: "eu estava com Max e D. em... não sei como o chamam aqui, em meu país o chamamos *tiovivo* ou cavalinhos [carrossel]. Max era já um bebê maior, estava montado num cavalinho e ao lado estava D. Eu estava um pouco adiante e via com preocupação que D. falava com Max".

"Nem sei se posso falar disso com você. Estou com um problema muito sério no escritório. D. é uma pessoa muito boa, é o sócio sul-americano do grupo. Ele quer convencer a meus chefes que temos de usar propinas [em espanhol, *maletín* – valise, mala de mão]. Quando cheguei a esse país tive muitos problemas porque havia tido propinas [*maletín*] e eu lhes tinha dito que não iria transigir com subornos. Estou convencido que, além das considerações éticas, se a curto prazo a propina pode facilitar, a longo prazo é prejudicial. Tenho a impressão de que D. pode convencer meus chefes". O sócio sul-americano, pelas associações que se seguiram, era uma condensação do analista e de Pierre quando ia ao "bairro escuro". O analista era o responsável por quebrar parcialmente a cisão e com isso abrir a porta para D. e seus argumentos. Pierre sentia então o analista como um aliado de seu lado que ia ao "bairro escuro". O desejo se realizava no sonho e a ameaça de que D., o sócio sul-americano, convencesse Max das maravilhas de ser um tio vivo, do vantajoso e divertido que era esse movimento masturbatório (o subir e baixar dos cavalinhos no carrossel) e como os problemas poderiam ter uma solução mais fácil via suborno.

Dias mais tarde essa interpretação adquiriu mais densidade quando Pierre se sentiu num dilema. Sua permanência no trabalho dependia de que não questionasse mais a propina. Mostrou-se muito aborrecido ao supor que o analista propunha que ele fizesse vista grossa frente ao *maletín*, que não visse o que havia visto no sonho – o diálogo entre D. e Max –, visando com isso garantir a permanência dele no trabalho e a continuidade da análise. Em seguida, ameaçou interromper as sessões. A psicanálise era perigosa, ao dar voz na sessão aos argumentos que surgiam no "bairro escuro", ele corria o risco de ficar capturado por eles, que tomariam o comando de sua vida mental. Ao analista, por motivos seguramente espúrios, só interessava a continuação da análise e se aliava com D. fazendo vista grossa. Assim, era o responsável por fazê-lo claudicar em suas convicções. Desenrolava-se na transferência, resultado de suas mentiras, uma enorme distorção. Travestindo a situação analítica, tentava recuperar o controle de sua pessoa e enfrentar a ansiedade.

Sua análise nessa época transcorreu numa confusão entre o que ocorria no escritório e em sua mente. Seu discurso estava monopolizado pela preocupação em convencer os sócios de que era mais vantajoso não praticarem o suborno. Ao voltar de uma de suas viagens de negócio relata: "Sábado estive em M. com T. [um político de pouca expressão daquele lugar], ele é um homem honesto que tem favorecido meu escritório e nunca nos pediu nada em troca, coisa rara. Ele me contava que, como havia perdido as eleições internas de seu partido e não voltaria a seu cargo, pensava em investir numa publicação. Eu o via muito entusiasmado com o projeto e me chamava a atenção como ele se propunha a realizá-lo sem um estudo de viabilidade, pois penso que ele não tinha capital para tanto. Me fez pensar novamente em meu futuro. Me dou conta que tenho posições conservadoras, com elas tenho garantido uma posição estável, é como um seguro de vida. Estive pensando nesses dias em voltar para a matriz e deixar todos estes debates dentro de mim".

Sua admiração por T. nos deu a pista de um aspecto dele relativamente indene aos influxos do "sócio latino-americano/bairro escuro". Foi também a via que lhe permitiria reconectar-se com sua vida infantil, ainda que esta tomasse a forma de recuperar a proteção da mãe que o resguardasse de qualquer ideia conflitiva. Oscilava entre manter posições conservadoras e assim preservar a proteção mafiosa do "sócio sul-americano" que lhe prometia o atalho masturbatório do carrossel (*tiovivo*/"tio vivo") ou enfrentá-lo, ainda que temesse que a tentativa de crescer sem *maletín* fosse uma ingenuidade quixotesca, inviável com os recursos disponíveis. Ao mesmo tempo, surgiam importantes ansiedades depressivas, como se vê no material que trouxe na sessão seguinte. Comenta que esteve pensando em estabelecer um projeto individual. Havia falado disso com Francisco, "é quem me sucedeu no escritório em meu país. Profissionalmente é como um filho para mim. Ele esteve mal de saúde e agora está se recuperando. Disse-lhe que quando for de férias quero falar com ele, pois queria lhe propor um empreendimento conjunto. Ele se emocionou muito com minha proposta e eu senti uma relação de muita proximidade com ele. Logo me senti culpado por não lhe ter ligado quando estava mal".

Com o correr do tempo, Pierre foi se sentindo melhor consigo mesmo, recuperando lembranças de sua vida. Surpreendia-se de que elas tivessem permanecido incólumes dentro de si. Isso foi interpretado pelo analista como se ele se surpreendesse que houvesse "mais ar" do que supunha, e que podia ter recursos para proteger seus aspectos infantis e seu próprio filho do "sócio sul-americano". Voltou a praticar esportes, o que tinha abandonado no final da adolescência, convertendo essa atividade em um de seus interesses centrais e fonte de grande prazer. Essa era uma sensação inusitada em sua vida fora do "bairro escuro", em que só havia o "correto". Junto com esse maior contato emocional, apareceu-lhe uma crescente e torturante sensação de conflito. Em uma das sessões dessa época contou: "essa noite no hotel [numa de suas viagens de trabalho] tive um longo debate comigo mesmo, me perguntei se tinha feito bem em apagar de minha agenda os telefones das prostitutas e finalmente decidi, não sem esforço, ficar só; me masturbei e adormeci... Estou um pouco sonolento agora porque essa noite quando voltei o menino decidiu mostrar toda sua vitalidade e a babá não estava. Max estava dormindo ao lado de Marie e toquei uma punheta 'higiênica'. Perguntei-se me isso não seria ruim para o Max. Max está introduzindo novas ideias dentro de mim. Pensei que talvez a masturbação não fosse uma simples atividade fisiológica – como até então sustentava –, que considerá-la assim era uma resposta conservadora, uma frase feita", mas pensar de outro modo o deixava desconcertado. Fica um momento em silêncio e diz de supetão que tinha começado a pensar que talvez escravizasse as prostitutas enquanto acreditava ter uma atitude altruísta para com elas. Que provavelmente não era certo que Claire aceitasse livremente o tipo de relação proposta por ele. Recorda que quando se separou de Claire se sentia aprisionado e oprimido. Que uma das razões que o levaram a deixar Claire era a docilidade com que ela cedia a seus caprichos. Ele sabia que não podia propor a Marie o que havia proposto a Claire. À luz do que vínhamos analisando, entendemos isso como uma tentativa de limitar a prédica hegemônica desse aspecto dele que logo se tornou no que ele chamava de "sócio sul-americano".

Poucas sessões depois, relata: "Ultimamente tenho dois tipos de sonhos: sonhos nos quais tenho uma maneira de escapar e sonhos nos quais não tenho escapatória. Essa noite sonhei que podia andar sobre a água numa *scooter* que tinha uma espécie de pá [em espanhol, *pala*, e ele se refere à masturbação como *palla*] embaixo e ia ziguezagueando – era um exemplo de sonho nos quais tinha como escapar". Seu temor a não conseguir escapar correspondia a não encontrar um atalho masturbatório que permitisse evitar o confronto com o *self* narcisista que não queria de forma alguma enfrentar sua situação emocional. Continua dizendo que "tinha tido um sonho muito estranho. Estava num carro e tinha de chegar a Paris. Tinha uma sensação que saía de meu povoado, tinha a impressão de que íamos demorar muitas horas e que não chegaríamos, mas, por outro lado, sabia que o encontraríamos de novo". No início não associa com nada, mas logo me diz que havia visto nos jornais a inauguração do Museu Cartier. Que havia pensado como ficaria essa edificação no meio da cidade. Supunha que era uma boa combinação, que seguramente teria sido obtida uma harmonia entre as duas arquiteturas, a antiga e a moderna. Tinha muita vontade de ir lá, ainda mais que já tinha planejado ir a Paris em sua próxima viagem à Europa, para ver a obra de Kandinski e de Klee, seus pintores favoritos.

Contou esse sonho dois meses depois da morte do pai. A pintura de seu pai seguia os cânones do impressionismo e ele tinha um grande desprezo pela pintura abstrata. Pierre com frequência tinha se queixado de que não conseguia chamar a atenção dele. Quando menino, realizava desenhos geométricos, de linhas claras, sem limites esfumaçados como nos quadros do pai. Sempre seus desenhos eram cenas de guerra que seu pai olhava com desaprovação. Seu irmão, por sua vez, era claramente o preferido pelo pai. Com os anos, seu irmão se mostrou um rapaz passivo, homossexual. Em sua adolescência, em uma viagem a Berlim, viu pela primeira vez a obra de Kandinski, que não o impressionou de forma especial. Mesmo assim decidiu que esse ia ser seu pintor favorito, com a sensação de que estava escolhendo algo que era o que mais desagradaria a seu pai.

Podemos então ligar a predileção de Pierre por mulheres que encobriam uma secreta relação com homens admirados por ele – temia que sua admiração e seu desejo de se sentir protegido por um homem o precipitassem num destino homossexual semelhante ao do irmão. O desafio a seu pai estava associado a um intenso rancor por não ter conseguido chamar sua atenção, o ter-se sentido traído com o aparecimento de tantos irmãozinhos e, por outro lado, era um reasseguramento de que não cairia num submetimento passivo. Legitimava sua agressão a partir dessa crença. De qualquer forma, no sonho havia uma tentativa de conseguir uma harmonia entre a arquitetura nova do Museu Cartier e a arquitetura clássica da cidade velha. Estava presente um desejo de reconciliação com seu pai.

Ainda que fizesse parte do sonho o temor de não chegar, de não conseguir, persistia a esperança de que o encontraria de volta.

"Essa noite tive um sonho técnico, talvez não valha a pena lhe contar." Depois de alguma reticência, diz que o escritório no qual trabalha teve de criar pequenas companhias de serviços para não ficar à mercê de setores cartelizados, sendo ele o responsável por elas. Essas companhias se converteram em motivo de especial orgulho para ele. No sonho lhe informavam que uma dessas pequenas empresas estava em perigo e que, além do mais, ele estava em negociações para comprar uma companhia desse tipo em outro país sul-americano. Para poder vir à sessão de hoje teria que assinar os contratos de compra no aeroporto de Z. (capital daquele país) e assim poder chegar. Sonhava que estava com os vendedores e eles haviam alterado os papéis e as condições do negócio. Por esse motivo, em sua viagem a Z., havia levado os contratos originais de sua casa, além de ter observado cuidadosamente as folhas, a grossura do papel, pois estava obcecado com o temor de que, com a pressa, pudessem trocá-los. O analista interpretou que esse sonho tinha uma sentido diferente ao do sonho com a *scooter*. Aqui o problema não era ter escapatória e fugir, tinha a ver com os temores por um excesso de confiança. Nos últimos tempos, ele estava fazendo esforços muito grandes para preservar a sessão e isso ia em direção muito diferente a todas as suas relações. Ele nunca se punha numa situação de esperar algo de outra pessoa. O analista disse que ele, Pierre, o via como alguém fazendo parte de um cartel, pois não podia procurar uma outra companhia concorrente, que o tipo de relação que estava desenvolvendo o convertia em um monopólio e que, nesse sentido, tinha temor de alguma "sul-americanada" por parte dele. Pierre respondeu que mais do que uma "sul-americanada" temia uma "putaria". Uma "sacanagem filha da puta" seria comprovar que o que sentia como melhoras se desvanecesse. Temia as longas férias que ia tirar, não sabia como ia se sentir. O aparecimento desse temor foi um indício a mais da mudança que estava acontecendo na transferência, era óbvio que o analista começava a ter existência na vida dele. Começava a ter confiança, e isso era vivido como muito perigoso.

Ao voltar de suas férias de verão, comenta a obsessão que tem por seu modo de olhar as mulheres, ele "as despe com o olhar". Lembra-se de que subiu no elevador com uma mulher e ficou com medo de que ela se apercebesse de como a olhava, o que poderia desencadear uma cena violenta. A violência que ele exerce consiste em não considerar as mulheres como pessoas, não levar em conta o que elas pensam ou sentem, são apenas uma superfície. A resposta violenta, além de ser um temor da retaliação, era um outro índice de uma alteridade que começava a tomar forma e, junto com ela, o tomar consciência de sua própria violência intrusiva.

Em uma sessão posterior, conta uma esperada conversa com um sócio do escritório muito respeitado por ele. Esse homem dizia que, com o novo regime implantado em seu país de origem, o problema não era a ideologia conservadora, a questão central era que os governantes eram más pessoas. Essas pessoas simulavam crer na democracia, mas era só uma fachada. Para elas, não existia outra verdade além da deles mesmos, queriam enfiar dentro dos outros seu modo de pensar. Nesse sentido, era muito difícil estabelecer um diálogo. A partir das associações, o analista interpretou a difícil situação na qual estava o diálogo entre seu lado escuro e seu lado não escuro, era um diálogo quase impossível. Um dos lados não se dispunha a entrar em diálogo, só lhe interessava que prevalecessem suas opiniões e penetrar intrusivamente no outro, como fazia com sua forma de olhar as mulheres. Ficou muito abalado e disse que então "é como se em mim convivessem uma boa pessoa e uma má pessoa". Reaparecia um outro vértice a partir do qual fazia um *insight* de sua violência e tirania.

Na sessão seguinte, disse que havia ficado pensando. Tinha chegado à conclusão de que se aborrecia, só seguia rotinas, que assim sentia seu casamento e também seu trabalho. Punha-se em evidência um dilema doloroso, uma complicada relação entre uma boa pessoa que levava uma vida burocrática e uma má pessoa que tinha uma vida intensa e interessante. Essa admiração pelo que ele vivia como má pessoa provavelmente indicava um retorno à idealização da sensualidade que havia marcado suas atuações perversas, mas é importante salientar que isso era formulado como um conflito penoso expresso em palavras.

Comentário de Bernardo Tanis

A reflexão em torno do relato de uma análise é sempre uma experiência estimulante para um analista. Cumprimento o corpo editorial da *Percurso* por essa iniciativa iniciada há alguns anos e agradeço a oportunidade que me foi concedida de participar deste debate clínico.

O texto que gentilmente nos é oferecido pelo analista é muito rico. Trata-se de um relato extenso sobre uma análise na qual se apresenta o trabalho com Pierre. Fornece-nos uma rica narrativa com uma variada seleção de elementos, alguns dados históricos do analisando, várias hipóteses metapsicológicas a respeito do seu funcionamento psíquico, estrutura e defesas frente a certas angústias, um rico material onírico, além de importantes referências a singulares momentos transferenciais que, a partir das intervenções do analista, suscitaram momentos de inflexão e transformação.

Sabemos que toda narrativa contempla uma fissura e uma tensão entre o narrador e o narrado, entre o aqui e agora e o então, entre verdade, verossimilhança e persuasão (Arrigucci, 1988). Temos na ficção literária algo que vincula sujeito, memória, retórica e temporalidade. A narrativa clínica nos conecta com a problemática da linguagem, das modalidades da memória e da temporalidade na transferência. A narrativa clínica nunca deixa de nos desafiar. Estamos longe de aderir a uma forma canônica de apresentá-la. Muitas vezes a escrita fica inibida ao pensar que temos que reproduzir a dimensão inefável da experiência. A escrita do psicanalista, em minha perspectiva, não visa reproduzir a experiência, mas produzir um efeito no leitor a partir das evocações, reminiscências e associações que o autor possa provocar em seu interlocutor (Tanis, 2015). Escrita é potência viva, e será a partir desse vértice que procurarei construir meu comentário ao texto apresentado pelo colega. O comentário não pretende de modo algum esgotar o material clínico apresentado, apenas propiciar o diálogo com o autor e com os leitores sobre alguns elementos que, a partir da perspectiva citada, destacaram-se para mim.

De "armar a cena" a "outra cena"

Os primeiros parágrafos procuram nos apresentar Pierre: sua mudança de país e continente, algo sobre seu uso de drogas, sua procura por prostitutas em seu país de origem e, no momento em que inicia a análise, sua primeira e segunda esposas, Claire e Marie, respectivamente, e certas particularidades de sua família de origem.

Embora apareçam elementos factuais manifestos, há outro componente de outra ordem (latente) que veio animar o relato já no primeiro parágrafo. Pierre procura um analista em seu país de origem, antes mesmo da viagem, pois "temia se **desestruturar** com a mudança". No parágrafo seguinte, aparecem novos significantes associados ao mesmo campo semântico: antes reservados ao espaço do ócio, agora as drogas e as prostitutas ameaçavam invadir o espaço de trabalho. Vivia isso como "uma ameaça de **descontrole**", ecoam as palavras do seu analista anterior. Sua vida poderia ficar **caótica** se tivesse que parar de trabalhar. Seu sucesso profissional "o tem mantido **organizado**".

Desestruturar – descontrole – caótico – organizado. Quem é Pierre? Essa pergunta pode soar estranha aos ouvidos de um analista, mas, atento ao relato, à hipótese da cisão como caracterizada pelo analista em vários momentos da sua narrativa, evoca em mim a fábula, narrada por Ítalo Calvino, *O visconde partido ao meio*. O protagonista da história, o visconde Medardo di Terralba, vai para uma guerra entre turcos e cristãos e leva um tiro de canhão no peito que o divide em metades exatamente iguais. Uma é salva pelos médicos do exército, e a outra é encontrada viva no meio de um monte de cadáveres e curada por um grupo de eremitas. A particularidade é que uma dessas metades é totalmente má e a outra, incrivelmente boa. Legitima-se, com isso, a pergunta: quem é Pierre? Tolerará entrar em contato com a angústia, "efeito do tiro de canhão" que o separara em duas metades? E, ainda – e aqui me permito avançar em mais uma indagação, tanto clínica como metapsicológica, que procurarei desenvolver ao longo deste comentário –, haveria outra perspectiva para pensar as atuações e montagens no campo da sexualidade de Pierre que não a da cisão entre dois aspectos da sua personalidade? Poderiam ser pensadas, como hipótese a ser investigada, como uma tentativa de sexualizar e inscrever no registro prazer-desprazer algum tipo de vivência de natureza traumática que não pode ser representada/simbolizada?

O analista nos convida a acompanhá-lo no percurso dessa análise. Há um primeiro momento, o qual o analista chama de "armar a cena", em que o analisando descreve o ritual que ocorre no *bairro escuro* (nome outorgado ao bairro dos prostíbulos). Costuma contratar duas prostitutas, duas mulheres às quais solicita que se vistam com roupas masculinas e pratiquem jogos sexuais aos quais assiste mantendo um estado de excitação. Essa encenação ritualizada, na qual os atores desempenham sempre o mesmo papel, obedece a uma exigência compulsiva, que será compreendida pelo analista como "uma estratégia defensiva face à perseguição e ao desamparo". Mas qual será a cadeia significante que organiza a cena e que, irrefreavelmente, o conduz a essas existentes montagens nos prostíbulos? Voltaremos a isso posteriormente, já que procuraremos avançar e conjecturar em torno do enlace entre a cena atuada e a ideia do analista de que se trata de uma montagem defensiva face à persecução e ao desamparo.

Joyce MacDougall reconhece certas regularidades no funcionamento psíquico em analisandos cuja vida sexual se centra numa prática ritualizada e limitada: "A expressão erótica ritualizada constitui um traço essencial de sua estabilidade psíquica, e uma grande parte de sua existência se desenvolve em torno dela" (MacDougall, 1993, p. 56). O analista, atento a esse movimento, reconhece tal dinâmica e constrói uma hipótese sobre a demanda de análise, a saber: a esperança de recuperar o controle obsessivo que estabilizaria sua cisão e que o ajudaria a manter a ficção onipotente que controlava sua vida, negando, assim, sua compulsão escravizante de frequentar o bairro das prostitutas. Essa hipótese é coerente com o fato de que uma das características dessa sexualidade compulsiva é que o objeto passa a desempenhar um papel circunscrito e controlado pelo sujeito.

Pierre receia se vincular e, no entanto, casa-se duas vezes. Seu primeiro casamento foi com Claire, cujo ex-marido fora um homem bem-sucedido. O segundo foi com Marie, cujo pai fora uma personalidade conhecida. Rivalidade edípica atuada, intensas fantasias homossexuais? Quem sabe, nutrir-se identificatoriamente absorvendo algo do masculino por meio dessas mulheres que vivenciaram o contato com esses homens potentes? Que relação isso guardaria com a cena montada nos prostíbulos? Seria ela um modo de controlar, *a distância*, suas fantasias homossexuais?

Alguns elementos da história de vida de Pierre vão sendo apresentados na narrativa. Seu pai é descrito como distante e egoísta. Voltado para seu mundo da pintura, passava a maior parte do dia bêbado. Os pais não compartilhavam o mesmo leito e os irmãos, à medida que cresciam, assim se dividiam para dormir: os filhos homens dormiam com o pai; as filhas, com a mãe. No entanto, algo quebra essa regra ao ser escolhido pela sua mãe, na puberdade, para ser seu confidente de seu casamento infeliz e para "compartilhar com ele o cuidado com os filhos menores". A obsessão de Pierre, diz o analista, era sair o quanto antes daquela casa cheia de irmãos. Do que poderia estar querendo fugir? De ser o eleito da sua mãe? O especial? De testemunhar a falência do seu pai? Preço excessivamente alto a pagar para ocupar esse lugar ambíguo que lhe é oferecido pela mãe. Não seria estranho que, frente a uma constelação edípica assim configurada, defesas drásticas (cisão, clivagem, veremos adiante nossa hipótese) pudessem se instaurar como forma de evitar o desenvolvimento de intensa angústia.

Curiosamente, o analista diz, no início de seu relato, que Pierre se apresentava como um homem sem recordações, sem interesse pela sua história, e considerava-se um *self-made man*, confiando apenas nas suas próprias forças. Parece que, mais do que do recalque, estamos diante de uma tentativa mais radical[3] de não entrar em contato com uma dimensão mais intrusiva do objeto. Anuncia-se, assim, a desconfiança e sua ambivalência no início de uma análise, sua suspeita de quais poderiam ser as intenções do analista e se seria capaz de controlar a cena assim como talvez procurasse se proteger das investidas maternas. Assim, de "*armar a cena*" concede-se lugar a "*outra cena*", a cena transferencial, na qual se coloca em jogo o desenrolar da análise.

Encurtando a distância

Progressivamente, Pierre nota uma diferença no seu modo de ser no trabalho e no "bairro escuro". Há uma moral diferente que norteia seu modo de agir nos dois espaços, e, se antes da análise isso não era muito percebido, agora aparece como um "conflito", dirá o analista. Nota-se, inclusive, a emergência de certa culpa, vergonha e constrangimento vinculados à forma como se relacionava com as mulheres para sua satisfação, seja com as prostitutas, seja com Claire. Uma metade estaria tomando conhecimento da outra? Pareceria ser essa a perspectiva do analista; dois mundos, duas éticas em conflito, o bem e o mal, um mundo em que as emoções e os afetos têm lugar e outro no qual as pessoas são tratadas como objetos-coisa.

Um rico movimento transferencial é aprendido no sonho do carrossel (*tiovivo*) e seu desdobramento ligado à temática do

---

[3] Refiro-me a defesas que impedem o processamento psíquico da vivência, modalidades de cisão, clivagem ou recusa que, em última análise, comprometem o processo de simbolização primária (Roussillon), dando lugar a diferentes possibilidades de formações sintomáticas não neuróticas.

suborno, *maletín* (lembramos o leitor de que o novo sócio procurava convencer Pierre de que às vezes deveria se valer da propina para realizar certos negócios, prática que ele condenava). Emerge uma fantasia transferencial na qual o analista o induziria a praticar a propina ou fazer vista grossa ao fato. O analista, movido por interesses espúrios (ética suspeita), aliar-se-ia, assim, ao sócio D. Trata-se do sócio sul-americano, que advoga o pagamento de propina. Em seu sonho, aparece também o filho Max.

A análise chega em um ponto bastante crítico; o analisando ameaça interromper o processo. Diz o analista que Pierre "tentava recuperar o controle de sua pessoa e enfrentar a ansiedade". A questão que surge é: por que Pierre sentir-se-ia ameaçado? O que estaria sendo vivido na transferência que provocaria esse sonho? A que se deveria a primeira aparição no relato de seu filho Max?

Penso que agora podemos tentar vincular alguns elementos que talvez nos ajudem a compreender algo a respeito da natureza da cisão, da necessidade do controle e da qualidade da ansiedade que emergia no sonho, que nesse momento do relato não está muito explicitada, embora os movimentos nele presentes sejam detectados pelo analista. O analista reconhece, na via associativa do sonho, algo que o vincula transferencialmente a D. Um pouco adiante, quando o analista nos fala de recuperação de memórias por parte de Pierre e de sua surpresa com esse fato, faz menção à ideia de proteger Max das influências de D.

Tenho a impressão de que o nascimento do filho é para Pierre gerador de intensa ansiedade vinculada à sua identidade sexual, à sua masculinidade, à paternidade, elementos que permaneciam dissociados de modo a serem evitados, hipótese que pode se apoiar no relato do analista de que Pierre não falara muito da gravidez de sua mulher, não frequentara as consultas ao obstetra, nem assistira ao parto. Algo precisava ser evitado. Ouso conjecturar que D. representa certos aspectos do feminino sedutor materno do qual Pierre sentia necessidade de se preservar e de preservar seu filho Max. A cena transferencial parece estar impregnada por uma intensidade que o ameaça. Assim, também vejo que nesse momento se instaura uma vivência persecutória na análise, mas algo diferente da apontada pelo analista ou talvez complementar. O analista/D. ao qual Pierre faz tanta questão de se opor também o seduz, e essa sedução traz consigo algo de uma vivência não simbolizada, com que Pierre evitava entrar em contato, para a qual talvez o ritual do bairro escuro parecia oferecer uma proteção.

Alguns elementos começam a se precipitar na análise: seus objetos de gozo parecem começar a ser também objetos vivos, como Claire, Max dormindo ao lado de Marie. Assim, deixam de ser apenas objetos a serviço de um prazer masturbatório e passam a ter existência própria, sentimentos. Isso é algo inteiramente novo para ele e, senão novo, algo que fizera questão de deixar de fora, clivado do aparelho psíquico.

Surgem mais sonhos que, por limitação de espaço deste comentário, não teremos condições de apreciar mais aprofundadamente. No entanto, destaco o interesse que Pierre começa a manifestar pela polarização conflitiva: "Sonhos nos quais tenho uma maneira de escapar e sonhos nos quais não tenho escapatória". O trabalho do sonho parece se intensificar, assim como sua capacidade associativa.

Em um dos sonhos desse período, "tinha que chegar a Paris". De modo bastante condensado, mas intenso no relato, aparece a temática paterna e a dinâmica de rivalidade que se estabelecera com aquele que ganhara forma representacional na admiração de um estilo pictórico que desagradava o pai. Aparece também o que pode ser o complexo relacionamento com seu irmão, preferido de seu pai; fantasia idealizada do vínculo homossexual do seu irmão com seu pai? Na sequência, aparece novamente, e com bastante intensidade, a procura, por meio de artifícios, de evitar a submissão a um mercado cartelizado e que o analista interpreta como receio do excesso de confiança depositado no analista, que seria vivido ameaçadoramente por Pierre como a edição de um vínculo semelhante ao do monopólio cartelizado.

Comentários finais

Os últimos parágrafos do relato clínico parecem retomar certas angústias iniciais de Pierre. "Temia uma putaria. Algo que poderia abalar o que sentia como melhora." Receava que seu olhar "que despe com os olhos" as mulheres fosse identificado. Evoca, então, a conversa com um sócio que descreve essas pessoas que simulam acreditar na democracia e procuram enfiar nos outros suas verdades. Nesse momento, o analista mantém seu modo de compreender o mundo interno de Pierre e interpreta "a difícil situação na qual estava o diálogo entre seu lado escuro e seu lado não escuro" como um "diálogo quase impossível". O analisando parece convencido: "é como se em mim convivessem uma boa e uma má pessoa". Mas, de modo interessante, volta na sessão seguinte dizendo-se aborrecido com a rotina, com o casamento e com o trabalho. O analista vê nisso um retorno idealizado da sensualidade que alimentava suas atuações perversas, mas entende que esse conflito agora podia aparecer expresso em palavras.

Próximo a finalizar meu comentário, gostaria de retomar algumas das colocações iniciais que visam propor uma hipótese complementar àquela da cisão proposta pelo analista, embora queira destacar o fino trabalho com o universo onírico de Pierre, o sutil empenho de ajudá-lo a viver num universo no qual seus afetos e vínculos começam a ganhar existência, em contraposição a um universo estéril e coisificado.

A minha hipótese parte da ideia da existência de uma configuração de cena primária ambígua geradora de uma confusão identificatória. Das possíveis alternativas que lhe são oferecidas, Pierre as confronta e recusa de modo a se sentir sem opção identificatória a não ser fugir/abandonar sua casa, o universo dos afetos e desejos edípicos para construir sua própria cena primária no "bairro escuro". Renuncia, desse modo, ao conluio com a mãe intrusiva e dominadora e a uma posição homossexual perante seu pai. Assim, não será um visconde partido ao meio como Medardo di Terralba, tomado pela dicotomia bom-mau, mas um lobo solitário. Arcando com o preço de uma defesa extrema, indo à caça atrás de uma cena ritualizada que o excita sexualmente e apazigua a emergência da angústia e vazio.

> *O aspecto paradoxal dessa defesa extrema é que o eu se cliva de uma experiência experimentada e ao mesmo tempo não constituída como uma experiência do eu, o que suporia que ela tivesse podido ser representada. Por um lado, a experiência foi "vivida" e deixou "traços mnêmicos" do que foi experimentado, e, por outro lado, ela não foi vivida e apropriada como tal, na medida em que, como diz Winnicott, ela não foi colocada na presença do eu, o que suporia que tivesse sido representada (Roussillon, 2011).*

Nesse sentido, parece não ter havido em sua infância e adolescência possibilidade de elaboração simbólica e de lutos em relação à constelação edípica. As cenas armadas por Pierre parecem estar no lugar de obturar um vazio subjetivo criado pela clivagem de uma parte significativa do eu – outro modo de falar do desamparo e persecutoriedade aos quais o analista faz referência. Assim, a *cena* construída por Pierre seria como um delírio, uma tentativa de cura enxertada. Como um fetiche sofisticado, estaria no lugar de reconstruir alguma cena primária na qual corpos femininos travestidos de homens simulam um encontro primordial. Masturbando-se na solidão *higiênica* parecia encontrar algum conforto. Agora, graças ao trabalho em análise, experimentando uma nova possibilidade de encontro com alteridade que não a da submissão (aquela que lhe fora apresentada pelos objetos edípicos), parece usufruir da capacidade de se vincular e despertar para os afetos, os corpos ganham outro tipo de existência e a sexualidade se anuncia por novas vias ainda inexploradas por Pierre.

Referências

Arrigucci Jr., D. (1998). Teoria da narrativa: posições do narrador. *Jornal de Psicanálise, 31*(57), pp. 9-43.

MacDougall, J. (1993). *Alegato por una cierta anormalidad.* Buenos Aires: Paidós.

Roussillon, R. (2011). *Primitive agony and symbolization.* London: Karnac.

Tanis, B. (2015). A escrita, o relato clínico e suas implicações éticas na cultura informatizada. *Revista Brasileira de Psicanálise, 49*(1), pp. 179-192.

Comentário de Isabel Mainetti de Vilutis

Quando fui convidada a fazer parte da seção "Debates clínicos" da revista *Percurso*, não imaginava o tamanho do desafio: comentar um caso clínico anônimo, a partir do relato de um analista – também anônimo – que o entrega generosamente para ser debatido. Uma espécie de clínica descarnada. Palavras escritas sem deixar transparecer a emoção que as investe, tanto de quem as escuta quanto de quem as diz.

Evidentemente, é um novo espaço para a palavra psicanalítica, muito mais próximo da psicanálise aplicada do que da supervisão ou da própria clínica psicanalítica. Como se o recorte do processo analítico feito pelo analista nos permitisse a liberdade de utilizá-lo como pretexto para uma nova leitura, uma nova criação, outra obra.

Nesse sentido, devido ao interessante e farto material fornecido pelo analista e à limitação de espaço para o debate, farei um recorte centrado fundamentalmente em duas hipóteses clínicas.

Em primeiro lugar, na cena do bairro escuro podemos pensar em algo da ordem do traumático e, portanto, da compulsão à repetição própria da pulsão de morte – a fixação e rigidez desta representando uma tentativa falha de simbolização do inassimilável pelo sujeito e não uma repetição perversa.

A segunda hipótese que surge da minha leitura, especialmente do rico material dos sonhos, refere-se aos conteúdos incestuosos presentes em relação à figura do pai, que comprometem a instalação do Ideal de Eu e tornam seu Supereu sádico e violento.

Buscarei desenvolver essas ideias, acompanhando o relato de caso desde o começo, quando Pierre nos é apresentado como um paciente estrangeiro. Muito se tem escrito sobre a estrangeirice do inconsciente e, também, sobre a impossibilidade de falar sua língua senão através de um difícil processo de escuta. As palavras vão adquirindo uma potência modificadora e intransferível, à medida que a análise caminha desvendando sentidos novos e imprevistos. Às vezes, a barreira da língua se faz presente com maior intensidade quando o paciente e o analista possuem um repertório significante que advém de línguas maternas diferentes. O paciente procura uma indicação de analista em seu país de origem, o que nos leva a supor que a análise devia ter algo da ordem do familiar (talvez a possibilidade de falar em sua língua? Sendo esta a língua materna do analista, também?). Seja como for, a análise se desenvolve até tropeçar com situações intraduzíveis nas quais o paciente recorre a um idioma estrangeiro. É o caso do "tio vivo" ao qual me referirei mais adiante, ou do bairro vermelho/escuro.

É interessante notar que este idioma estrangeiro não parece estar relacionado, necessariamente, à língua materna (holandês em um caso, espanhol no outro). O recurso a uma palavra estrangeira, presente em muitas análises, pode operar de modo defensivo, de certa forma "higienizando" a palavra de significações familiares e incestuosas.

Nesse sentido, a mudança de nomeação de "bairro vermelho" a "bairro escuro" revela-se significativa. O bairro vermelho, autorizado, que funciona à luz do dia, cede lugar à escuridão e esta remete à ausência de luz, à clandestinidade do gozo compulsivo do paciente que, paradoxalmente, consiste em olhar uma cena repetida, sem reconhecer fronteiras e que parece se situar para além da linguagem e do princípio de prazer. Impossível narrá-la em palavras, opera como pura excitação que deve ser acalmada mediante a ingestão de bebidas alcoólicas e do uso de cocaína. Um verdadeiro carrossel que alterna a perda de consciência do álcool com a lucidez fictícia da cocaína.

Em sua primeira entrevista de análise, Pierre faz referência ao temor de perder o controle ao mudar de país e começar a embriagar-se e drogar-se à luz do dia. A palavra que utiliza é "desestruturar-se". Como se o estrangeiro nele, aquele de quem ele não consegue lembrar no dia seguinte, pudesse tomar conta de sua vida aparentemente estruturada.

Freud estabelecia como parâmetros de uma certa normalidade a capacidade de amar e de trabalhar. Isto é, poder se livrar da prisão narcísica de uma subjetividade precariamente constituída, para reconhecer o outro na sua diferença e, eventualmente, amá-lo. Ao mesmo tempo, ter a capacidade sublimatória suficiente para poder produzir algo que seja reconhecido e recompensado pela cultura, de maneira a garantir satisfação e autonomia ao sujeito.

Pierre parece ter conseguido um certo sucesso, desde muito cedo, no que se refere a sua possibilidade de produzir dinheiro, o que lhe permitiu sair de sua casa familiar e começar uma vida longe dos pais e dos irmãos. Aparentemente, ele se satisfaz com suas conquistas profissionais e parece contar com o reconhecimento dos outros naquilo que faz. O temor de desestruturar-se advém da possibilidade de pôr seu trabalho a perder. Temor reforçado pela fala do primeiro analista que acena com um colapso caso isso aconteça. De fato, o trabalho parece ser o lugar onde ele poderia tornar-se um homem admirado, como aqueles que nortearam suas escolhas de amor.

Essa estrutura precária, que pode ser corrompida pela "propina" ou por alguma falha que traga à luz seu lado escuro, nos revela um Eu eficiente, mas sem desejo e que pode sentir a iminência do desabamento com muita intensidade. Isto nos coloca perante uma questão muito difícil para a clínica. Uma coisa é pensar que o trabalho esteja inserido na procura desejante orientada pelo Ideal do

Eu, por valores éticos e estéticos sublimatórios; e outra coisa muito diferente é pensarmos no trabalho como mandato sádico superegoico. A ameaça da desestruturação e o ideário paranoide que acompanham a questão da propina nos sugerem esta segunda hipótese no caso de Pierre.

A procura de um ideal está detida e congelada no outro, nas figuras que Pierre admira, nos homens que orientam suas escolhas de amor. As mulheres aparecem, assim, como meros apêndices de homens poderosos pelos quais deseja ser amado e os quais gostaria de imitar.

Quando afirmo que esta é uma questão delicada para a clínica, me refiro especialmente à facilidade com que este tipo de vínculo pode ser restabelecido na transferência e ao perigo de o analista intervir, ora como ideal, ora como supereu sádico.

O verdadeiro naipe identificatório de Pierre parece mais próximo do pai bêbado e egoísta que aparece nas suas visitas ao bairro escuro. Recorte ou cisão do relato do analista, o aspecto compulsivo do vínculo do paciente com o álcool e a cocaína se dilui na narrativa do caso, apesar de estar intimamente associado a este traço identificatório mencionado anteriormente. Existe um paralelismo entre o que Pierre não pode lembrar de suas idas ao bairro escuro e o que não pode simbolizar das noites no quarto dos homens na sua infância.

Faz parte da cena do bordel o "não ser tocado", já que o contato físico é vivido como desorganizador e perigoso, o que pode nos levar a pensar no excesso de excitação do trauma e na impossibilidade de simbolização do aparelho psíquico precariamente constituído na infância. Na volta do bairro escuro (quarto escuro?), toda a sua angústia se transforma em raiva contra sua mulher, que não o protege da sua compulsão repetitiva. Uma mulher deve ser agredida, desvalorizada e culpabilizada, sinalizando o vínculo ambivalente com sua mãe, que não soube afastá-lo da cena incestuosa com o pai. Considero, portanto, que voltar para casa e agredir a mulher-mãe faz parte da cena, pelo seu caráter repetitivo e, também, pela amnésia que acompanha este fato.

Se bem concordo com a leitura do analista quanto à possibilidade de poder construir uma narrativa que desfaça de certa forma a cisão, através do processo analítico, creio não ser "mentirosa" a tentativa de Pierre de justificar suas ações dizendo que não maltratava essas mulheres e que pagava pelos seus serviços. Sabemos que mesmo a maior mentira traz à tona algo da verdade inconsciente e, neste caso, não maltratar e pagar pode ser entendido como a tentativa de estabelecer uma mínima diferença na identificação maciça com o pai agressivo e bêbado. O dinheiro é um significante importante na vida de Pierre. Um atributo fálico que o diferencia e que ele insiste em receber pelos seus méritos profissionais. Ganhar dinheiro foi sua forma de estabelecer alguma distância com o quarto escuro, transformando-o no bairro escuro. Uma ponte precária entre sua sexualidade escópica e passiva e a possibilidade de ter algum prazer.

A aparição de um filho de Pierre surpreende ao analista e a nós, mostrando também uma cisão entre o polimorfismo pulsional masturbatório da sua sexualidade e a existência de sua genitalidade. Simultaneamente ao nascimento do filho, o trabalho do sonho se faz presente, marcando um novo rumo à análise.

No primeiro sonho, a figura do corruptor, associada ao "tio vivo", fala com o filho de Pierre. A palavra estrangeira (*tiovivo*) acena com um vínculo familiar e próximo que desloca o caráter incestuoso para um aparente problema de falta de vocabulário. A simples tradução de *tiovivo* por "carrossel" ou "cavalinhos" pode deixar de fora este efeito significante que me parece corroborado, no próprio sonho, pela preocupação de Pierre com essa aproximação; como se pressentisse algum dano possível ao filho, por parte do homem corruptor.

Nas associações que se seguem ao sonho, Pierre realiza uma passagem direta do filho ao dinheiro, falando dos perigos de ceder às pressões do homem corruptor para efetuar suborno e oferecer propina. Afirma que, se a curto prazo pode ser facilitador, a longo prazo torna-se uma marca difícil de resolver. Incesto e suborno numa amálgama significante que opera de forma traumática na sua subjetividade.

É interessante que, neste momento da análise, o homem corruptor presentifica-se na transferência na figura do analista interessado no seu dinheiro e não no seu crescimento e bem-estar. O paciente imagina que o analista lhe demanda que faça "vista grossa" à propina como os pais de Pierre solicitaram que ele fizesse "vista grossa" ao quarto escuro dos homens na infância.

São esses momentos difíceis da clínica onde a transferência se instala como uma verdade que é de outra ordem, a qual é preciso escutar para não respondermos defensivamente a partir do princípio de realidade.

Considero que a mudança transferencial não é decorrente do fracasso de suas "mentiras", mas de sua impossibilidade de controlar a angústia de se tornar pai e da atualização do dilema "proteger ou abusar de um filho".

A partir deste sonho, abundam em seu discurso as referências a vínculos pai-filho: com o político do seu país, com seu sucessor na empresa e com o analista. A interrogação de Pierre parece dirigir-se à possibilidade de fazer algo próprio e criativo, o que acena para uma relação mais sublimatória com o trabalho. Abre-se, também, a dimensão de futuro, instalando uma temporalidade mais neurótica e menos dominada pelo infinito presente contínuo da compulsão de repetição.

Em relação ao próprio filho, pode perceber o seu temor/desejo de fazer algum dano com a fantasia incestuosa que anima sua sexualidade masturbatória. Ao mesmo tempo, a morte real do pai desencadeia e aprofunda suas elaborações sobre as relações entre os homens. Parece perguntar se existe alguma forma de escapar da erotização dos vínculos incestuosos.

Realmente, construir algo novo que possa conviver com as emoções mais arcaicas e primitivas é uma tarefa difícil para Pierre. A ideia de um museu que abriga em si objetos de outras eras, devidamente catalogados como pertencentes ao passado, aparece na associação do paciente relativa ao sonho de procura do pai. Uma arquitetura contemporânea que complemente a arquitetura já existente e ao mesmo tempo guarde dentro de si os objetos valiosos de outras eras.

Nem boa nem má, essa nova arquitetura estará marcada por uma nova temporalidade e, talvez, pelo desejo.

Caso 6: O guardião de enigmas[1]

Apresentador – Paulo de Carvalho Ribeiro

Comentadores – Miguel Calmon du Pin e Almeida e Lucía Barbero Fuks

Apresentação de Paulo de Carvalho Ribeiro

A primeira coisa que me levou a refletir mais detidamente sobre esse paciente foi minha necessidade de verificar, junto a conhecidos que trabalham com informática e telecomunicação, se um determinado uso do celular, relatado por ele na primeira sessão, era viável tecnicamente. Tratava-se de um programa espião que, uma vez instalado no celular de alguém, permitia não só conhecer a localização e os deslocamentos feitos pelo aparelho como também acionar a distância o gravador de sons e imagens do aparelho espionado, disponibilizando-os para serem registrados pelos dispositivos de quem controlava o programa espião. Desconfiado de estar sendo traído pela namorada, esse jovem rapaz me dizia ter registrado os sons de uma suposta relação sexual da namorada com um ex-namorado dela, quando ela se encontrava no escritório deste

---

1 Publicado em *Percurso*, 56(7), jun./dez. 2016.

último. Segundo meu paciente os registros são apenas de áudio, uma vez que o celular se encontrava, provavelmente, dentro da bolsa dela, e por isso nenhuma imagem foi gravada. Ainda segundo o relato, a despeito da qualidade ruim da gravação, é possível perceber que se trata dos sons de uma relação sexual e que as vozes, tanto da namorada quanto do ex-namorado dela, são reconhecíveis. Minha consulta aos conhecedores dessas tecnologias confirmou a viabilidade de tais fatos. Diante disso, não pude evitar o incômodo de me perceber buscando uma verossimilidade que, nesse caso, não deveria me interessar.

Essa mesma namorada, de acordo com o que foi relatado na segunda sessão, já tinha "ficado" com um amigo do meu paciente, quando eles (paciente e namorada) ainda não se conheciam. Ao tomar conhecimento desse fato, insistiu para que a namorada lhe contasse detalhadamente o que acontecera entre ela e o amigo dele. Tinha sido havia muito tempo, quando ela ainda era adolescente, em um fim de noite em que ela, em companhia de duas amigas, pegou uma carona com esse amigo. Encontrando-se ligeiramente bêbada e tendo sido a última a ser deixada em casa, acabou beijando e sendo beijada. Depois de bastante insistência por parte do meu paciente, a namorada acrescentou ao relato inicial a informação de que, na ocasião, tivera a blusa aberta pelo amigo dele e que ele lhe havia acariciado os seios. Esse relato serviu para que se instalasse em meu paciente a dúvida obsessiva sobre o que de fato teria acontecido nesse dia. A insistência para que ela contasse tudo de uma vez, para que admitisse ter mantido relação sexual dentro do carro, quase levou ao término precoce do namoro e fez do amigo em questão uma pessoa a ser evitada ou ignorada em situações sociais.

Os primeiros dois ou três meses de análise desse paciente foram tomados, quase inteiramente, pela recorrência dos relatos sobre a suposta infidelidade não só da namorada, mas das mulheres em geral. Nesses primeiros meses, minhas intervenções foram escassas e quase todas elas voltadas para o assinalamento do que me parecia mais relevante para a análise naquele momento, a saber, a incompatibilidade entre a manutenção do namoro e a convicção do paciente sobre a infidelidade da namorada, somada à sua declarada intolerância à traição.

"Ela me disse que eu estou louco; que fico inventando coisas que não aconteceram; que minhas gravações não mostram nada a não ser pedaços incompreensíveis da conversa entre ela e um advogado que tem escritório no mesmo prédio onde trabalha o ex-namorado dela; que eu preciso me tratar e que ela só não termina tudo de uma vez por todas porque ainda gosta muito de mim, porque minha mãe a apoia e pede para que ela tenha paciência comigo."

Esta é, aproximadamente, uma das falas dele diante de uma dessas intervenções em que eu buscava assinalar quão intrigante me parecia a posição dele. Ser chamado de louco já não o incomodava tanto, ele dizia, na medida em que encontrara apoio à sua percepção dos "fatos" por parte de duas pessoas que ele tinha em alta conta e com quem tinha intimidade suficiente para compartilhar esse tipo de problema. Uma delas, uma irmã mais velha, filha do primeiro casamento do seu pai, escutou a gravação e concordou que os sons sugeriam uma relação sexual. A outra, uma antiga empregada doméstica da família, teria ficado chocada com o que escutou. Não tardou para que eu fosse escolhido como a próxima pessoa a emitir uma opinião sobre a gravação.

O pedido para que eu a ouvisse não foi, inicialmente, formulado de forma direta, nem tampouco me foi perguntado se eu gostaria de ouvi-la. Era, no entanto, impossível não perceber esse pedido em meio às queixas permanentes de sentir-se preso ao arquivo de áudio que continha a famosa gravação. Preso, explicava meu paciente, tanto no sentido de ouvi-lo muitas vezes ao dia, retornando inúmeras vezes aos trechos que considerava mais reveladores, quanto no sentido de fazer várias cópias do mesmo arquivo, para armazená-las em diferentes locais, temendo sempre que alguém, sua namorada, por exemplo, tentasse destruir "seu tesouro", denominação introduzida por mim, ao interromper um desses relatos queixosos, no fim de uma sessão. "Pois é", ele retrucou enquanto pegava um chaveiro que havia deixado sobre a mesa ao lado da poltrona onde estava sentado e me mostrava um pequeno *pen drive* pendurado entre as chaves, "eu carrego esse tesouro comigo o tempo todo." Não lhe disse nada e levantei-me para acompanhá-lo à porta.

O tema da gravação geralmente servia de introdução a outros relatos e considerações destinados a sustentar a tese da infidelidade generalizada das mulheres. Foi assim que o episódio da antiga "ficada" com o amigo do meu paciente foi retomado diversas vezes. Em uma delas esteve em questão o fato de que a namorada fazia uso de anticoncepcional oral desde os 15 anos de idade, para tratamento da síndrome dos ovários policísticos. Assim, quando ela "ficou" com o amigo dele, ela não só já havia perdido a virgindade, pois tivera relações sexuais com o primeiro namorado, como também estava protegida contra uma eventual gravidez. "Hah!", exclamou meu paciente antes de prosseguir, "Você acha que uma adolescente com os hormônios bombando, que não era mais virgem e estava meio bêbada, sem blusa e sem preocupação de ficar grávida, iria ficar só no sarro com um cara como o fulano? É claro que ela deu pra ele! Você não concorda?" Respondi, encerrando a sessão: "Já que você não tem a gravação dessa cena e não pode reproduzi-la centenas de vezes, quem sabe você se contenta com suas fantasias?". Na sessão seguinte, logo no início, ele disse: "Você acha então que tudo é fantasia minha". Permaneci em silêncio e ele continuou: "Se eu não tivesse ficado e até transado com várias namoradas de outros caras, e até com uma que era noiva, seria mais fácil me convencer que a traição da fulana [namorada] é fantasia minha". Depois de um breve silêncio, ele retoma: "Disse a ela que você acha que estou fantasiando sobre ela e o ex dela. Ela pôs as mãos pro céu e eu até achei graça, mas fui logo dizendo que você não tinha me convencido". Nesse momento voltei a intervir, dizendo: "Parece-me que você quer muito que eu tenha uma opinião sobre sua namorada, sobre as mulheres". "Mas é lógico!", ele exclamou, "faz um bom tempo que estou vindo aqui, já te falei tudo que está acontecendo, estou meio desesperado e não consigo tomar uma decisão... é lógico que eu quero que você me ajude!" Eu digo: "Tudo que você falou até agora me leva a pensar que você tem algum ganho ao duvidar da fidelidade das mulheres; acho que você quer se convencer de que todas elas traem". Ele diz: "Mas isso quer dizer que você acha que eu estou inventando pra mim mesmo que a fulana me traiu?". Eu digo: "Isso quer dizer que independentemente de ela ter te traído ou não, a possibilidade da traição te mantém ligado a ela". Ele diz: "Mas por quê?". Não respondo, ele insiste com a pergunta e eu com o silêncio, ele também se silencia e assim permanece por alguns minutos até dizer o seguinte: "Se eu terminar com ela agora, sou capaz de passar o resto da vida me lembrando de todas as vezes que ela começa a chorar e jura que nunca me traiu. Mas eu não consigo acreditar. Você *tem* que escutar essa gravação".

Depois de alguns meses atendendo esse paciente em sessões cuja frequência variava de uma a duas vezes por semana, uma dúvida sobre o diagnóstico ainda persistia. O caráter obsessivo do ciúme preponderava sobre os aspectos paranoicos, mas não de forma suficiente para que eu afastasse definitivamente a hipótese de psicose. Os relatos sobre as "evidências" da traição, assim como as inúmeras teorias e certezas sobre a infidelidade das mulheres, me traziam sempre a impressão de uma atividade delirante muito bem estruturada, porém sem outros elementos psicopatológicos que levassem à suspeita de esquizofrenia. Eu me perguntava se não seria uma síndrome de Otelo, um delírio celotípico monossintomático; se os sintomas obsessivos não estariam apenas mascarando o quadro psicótico; ou se seria mesmo um obsessivo grave no auge do sofrimento neurótico. Achei que poderia confiar nas minhas impressões sobre a transferência e decidi que ele passaria a utilizar o divã.

As primeiras sessões com o uso do divã ainda foram dominadas pelo tema da traição e pelo relato dos momentos em que meu paciente se via compelido a ouvir, pela enésima vez, a gravação da suposta relação sexual, apesar do esforço que vinha fazendo para não a ouvir. Progressivamente, porém, outros temas começaram a ser abordados até que a mãe do paciente passou a ser o principal objeto das associações. A cumplicidade entre ela e a namorada dele sempre servia de introdução a uma série de comentários sobre as características da mãe, sobre o relacionamento dela com o marido, pai do meu paciente, e sobre a forma como ela se relacionava com ele, filho, desde criança. Antes de me alongar sobre estes dois últimos aspectos, algumas referências recorrentes à beleza e vaidade da mãe merecem ser mencionadas. Aos olhos do meu paciente sua mãe era uma mulher muito bonita, que sabia se cuidar muito bem. Apesar dos mais de 50 anos de idade, ainda era uma mulher atraente cuja beleza, elegância e jovialidade eram objeto de comentários por parte de todos que a conheciam. Quase treze anos mais jovem que seu marido, sua aparência contrastava cada vez mais com o aspecto envelhecido exibido por ele. Segundo meu paciente, mais de uma vez sua mãe fora tomada por filha do marido, fato que muito incomodava seu pai e muito agradava sua mãe, apesar do esforço que ela fazia para esconder sua satisfação nessas ocasiões. Sobre o relacionamento do casal, meu paciente tinha uma visão muito clara e definitiva: desde que a mãe descobrira um relacionamento extraconjugal do marido, quando ele, paciente, ainda era adolescente, houve um distanciamento definitivo entre seus pais. Logo que o caso veio à tona, seu pai chegou a sair de casa a pedido da mãe, mas retornou algumas semanas depois e passou a ser tratado com frieza pela esposa. Nos últimos anos meu paciente presenciara muitas discussões entre os pais, geralmente motivadas pelos gastos excessivos da mãe ou pelas viagens que ela fazia em companhia das irmãs dela, muitas delas ao exterior, nas quais o pai nunca era incluído. Nos eventos relacionados à profissão do pai, nas festas de família e nos encontros com amigos do casal sua mãe "fazia seu papel de esposa", dizia meu paciente. Quanto à relação entre mãe e filho, a nítida ambivalência dos sentimentos e opiniões do meu paciente foi pouco a pouco cedendo lugar ao ressentimento por ser visto pela mãe como herdeiro dos defeitos do pai. A grande semelhança física entre eles e alguns traços de personalidade presentes em ambos com frequência suscitavam comentários críticos e distanciamento por parte da mãe. Em outros momentos ela conseguia a cumplicidade do filho na ocultação de pequenos acontecimentos que poderiam despertar a ira do pai, como, por exemplo, pequenos danos causados por ela aos carros da família ou gastos que ela fazia com coisas consideradas supérfluas, o que levava meu paciente a utilizar conscientemente essa cumplicidade como estratégia para obter o apoio da mãe em diversas situações. Incomodava-o, por outro lado, quando percebia que sua mãe e sua namorada se associavam para comentar criticamente o quanto ele e seu pai se pareciam. Em uma das sessões em que a cumplicidade com as "aprontações" da mãe foi retomada, meu paciente fez a seguinte observação: "Papai está pagando caro demais a pulada de cerca". Era uma referência a uma joia que sua mãe havia comprado utilizando o cartão de crédito do filho para burlar o limite que o pai havia imposto ao dela. Nesse momento intervim, dizendo: "E você tem contribuído para isso". Essa intervenção, que de imediato produziu justificativas do tipo "melhor gastar com mamãe do que com as amantes dele", deu início a uma série de sessões em que o pai passou a ser o principal assunto, culminando com a explicitação da seguinte queixa: "O problema é que ele não dá conta de se abrir comigo e prefere achar que eu fiquei do lado da mamãe, contra ele". Nesse momento eu lhe disse: "Se você fosse se abrir com ele, o que você diria sobre a infidelidade dele?". O principal efeito dessa intervenção foi o afloramento de ressentimentos manifestados sob a forma de um longo desabafo, entrecortado por tentativas de amenizar tanto o sofrimento por ter se sentido traído pelo pai quanto a culpa por condená-lo e muitas vezes ser cúmplice da mãe. A seguinte fala resume o desabafo e a ambivalência dos sentimentos dirigidos ao pai: "Quando mamãe descobriu tudo nós tínhamos acabado de mudar para a casa nova. Eu achava aquela casa o máximo. Só queria curtir a piscina, a quadra, chamar os amigos, fazer churrasco... eu estava me sentindo milionário e achava papai foda pra caralho. E aí o sacana fode tudo, fica apaixonado por uma mulher nada a ver, que nem era bonita, nem inteligente, nem rica, nem porra nenhuma... só era nova e safada. Mamãe não quis mais saber da casa, não cuidava mais de nada até que não teve jeito e mudamos de lá para um apartamento. Papai ficou arrasado, se fodeu demais, coitado".

Depois desse desabafo a tomada de consciência do quanto se sentira traído pelo pai e do desejo de ser amado e admirado por ele foi um caminho percorrido com certa facilidade na análise. A dimensão homossexual desse amor pelo pai nunca foi explicitada nem por ele nem por mim, embora tenha se manifestado na transferência por meio de pequenas brincadeiras e piadas em que eu e o pai éramos comparados e colocados no lugar de quem o "sacaneava" ou era "sacaneado" por ele.

Por outro lado, os afetos relacionados à mãe somente afloraram após a superação de grandes resistências e envolveram muita angústia associada a sentimentos de rejeição e impotência. O relato de uma experiência vivida na adolescência serviu de parâmetro para a avaliação da intensidade dessa angústia. Aos 16 anos, com o apoio dos pais, ele se inscreveu em um programa de intercâmbio estudantil e chegou a viajar para o país onde deveria permanecer por seis meses. Lá chegando, entrou num estado de extrema ansiedade, acompanhado de ideias persecutórias e dificuldade de dormir e se alimentar. Sua mãe foi ao seu encontro logo que tomou conhecimento do que estava acontecendo e retornou com ele ao Brasil poucos dias após sua partida. Essa foi, segundo ele, a pior experiência de sua vida. Junto ao reconhecimento e gratidão pelo apoio recebido da mãe, a impressão de que ela se sentia vitoriosa com o fracasso dele foi aos poucos ganhando espaço nas sessões. Em uma delas ele disse: "Ela me dizia que aquilo que eu tive foi um problema neurológico, que eu não tinha culpa, que isso pode acontecer com qualquer um, que era só tomar o remédio por um tempo e que nunca mais eu teria nada daquilo. Mas isso, em vez de me consolar, só me fazia sentir que eu tinha a cabeça fraca, que eu era mesmo um bosta". Lembrando-me de outras ocasiões em que ele havia se referido às comparações negativas que sua mãe fazia entre ele e o pai dele, disse-lhe: "Pelo que você diz, aos olhos da sua mãe, você e seu pai sempre podem decepcionar". Ao que ele acrescentou: "Aos olhos da minha mãe, acho que o único homem que não a decepcionou foi o pai dela". Voltei a intervir dizendo: "Esse homem que você não conheceu sempre vai ser o preferido dela".

Não sei se ele entendeu que eu fazia ali alusão a um inescapável sentimento de traição. Não sei tampouco se o término do relacionamento com a namorada, ocorrido pouco tempo após essas sessões que acabei de relatar, deveu-se a algum efeito da análise ou simplesmente à decisão de mudar-se para outra cidade, onde pretendia fazer um curso de pós-graduação e submeter-se a um processo de seleção de *trainees*. Não sei nem mesmo se a decisão de se mudar foi o resultado da resolução de conflitos que o paralisavam ou simplesmente uma fuga de tudo, inclusive da análise. Fui comunicado tanto sobre o término do namoro quanto sobre a decisão de mudar-se de cidade na primeira sessão após um período de interrupção da análise devido às férias do meu paciente, que coincidiram com as minhas. Nas três sessões que tivemos entre a volta das férias e a interrupção definitiva ele pouco falou sobre o término do namoro. Disse que seria muito difícil manter um relacionamento a distância e que sua prioridade era, naquele momento, a carreira profissional, mas não mencionou nenhuma briga, nem fez comentários sobre a reação da namorada à decisão dele. O pai o apoiava e a mãe achava que ele deveria pensar com mais calma se de fato a mudança de cidade seria a melhor opção. De sua parte, ele não mostrava nenhuma hesitação; estava decidido e parecia tranquilo com sua decisão.

Na primeira sessão após as férias, quando as decisões tomadas me foram comunicadas, não contive minha curiosidade e perguntei se ele ainda ouvia com frequência a gravação. Ele respondeu: "Tinha um bom tempo que não ouvia, mas ouvi algumas vezes no dia em que terminei com ela. Ouvi, mas não fiquei mais sofrendo e nem senti raiva. Andei deletando o arquivo nos lugares onde tinha salvado, mas salvei em tantos lugares que já nem sei se tem outras cópias além das que estão no meu celular e no meu Dropbox. Você acha que eu deveria apagar tudo?". Respondi sorrindo: "Talvez seja bom que isso fique gravado em alguma nuvem". Ele também sorriu e não mais falou sobre o assunto nas duas sessões que ainda tivemos.

No dia seguinte à última sessão recebi um e-mail dele cujo título era "nuvem" e trazia anexado um arquivo nomeado "traição". No corpo do e-mail estava escrito: "Guarda aí pra mim na sua nuvem rsr".

Esse arquivo, cuja viabilidade técnica eu tinha me dado o trabalho de verificar, que cheguei a comparar a um tesouro, e sobre o qual perguntei sem que ele tivesse sido mencionado naquela sessão, encontrava-se ali à minha disposição. Mas quem poderia me garantir que não era apenas uma piada? Um vírus, quem sabe? Talvez fosse um arquivo vazio. Pior ainda, poderia conter apenas o som de uma gargalhada de escárnio, atestando minha destituição do lugar de analista.

Hoje penso ser quase certo que o arquivo contenha mesmo a gravação da suposta traição. Não o deletei e nunca tentei abri-lo. Às vezes esse paciente me vem à lembrança e me pergunto se ele me enviou o arquivo por ter percebido minha curiosidade ou por saber que eu não o abriria, e mesmo que o abrisse jamais faria qualquer comentário; ou se foi por esses dois motivos ao mesmo tempo. Sim, por todos esses motivos ao mesmo tempo, tento me convencer. Gostaria de ter a certeza de que ele reconheceu em mim o interesse e as dúvidas que pairam em torno dessas cenas mal gravadas, envolvendo os corpos de duas pessoas, envolvendo, acima de tudo, o corpo e o desejo de uma mulher especial; cenas que tanto perturbam quanto excitam. Mas gostaria muito mais de ter a certeza do reconhecimento da minha clara renúncia à pretensão de ter as respostas. Não descarto a hipótese de ter fracassado nesse caso, mas também não abro mão da possibilidade de que o arquivo tenha sido enviado para quem de direito: um guardião de enigmas.

Comentário de Miguel Calmon du Pin e Almeida

Caixa de Pandora

Inventar e investigar desde um novo lugar a alma do sonho, do humano do homem, onde a alma e o sonho possam se mostrar e se expressar sem os constrangimentos do desejo de curar, assim como o cuidado de evitar a pura abstração para a qual os românticos em seu desejo de tudo compreender nos seduzem, é o desafio que caracteriza a especificidade de nossa clínica.

Um processo onde as marcas das pegadas de nossa história e constituição permitam que reconheçamos de que somos feitos, como somos feitos, à imagem e semelhança de quem, do quê.

Mas a dimensão trágica – o homem sempre em contradição consigo mesmo, irremediavelmente – aparece mais fortemente na pergunta: *Mas é o que queremos?* De fato, queremos saber quantas são as superfícies contidas na alma dos pequenos gestos por meio dos quais nos fazemos e somos?

Hesíodo conta na *Teogonia* que, a pedido de Zeus, desejoso de castigar os homens em virtude do "crime" de Prometeu, Hefesto modela em argila a primeira mulher, "mal tão belo", nas palavras do poeta. Com a ajuda de outros vários imortais dota-a de todas as qualidades apreciadas pelos homens e, por fim, Hermes lhe dá o dom da palavra. Chamam-na Pandora.[2]

Satisfeito com a cilada que armara para os homens, Zeus, por meio de Hermes, envia-a de presente a Epimeteu, *o que aprende e vê*

---

[2] Pandora (em grego antigo, *pan*, dom) significa "a detentora de todos os dons". Há no verbo que compõe seu nome uma antinomia: *doron*, significa doar, mas em quase todas as línguas indo-europeias tem como sentido inicial "tomar". Portanto, aquela que dá e tira ao mesmo tempo.

depois, que, apesar de advertido por Prometeu, *o que vê antes*, a jamais receber de Zeus nenhum presente, desposa Pandora. Só depois de a infelicidade se abater sobre sua vida Epimeteu realiza com o que Zeus o presenteara.

Como presente de núpcias, Pandora traz consigo do Olimpo uma jarra de tampa larga, no qual se depositavam todos os males do mundo. Por curiosidade feminina, Pandora abre a jarra e dela deixa sair todas as calamidades que a partir de então assombram a tranquilidade dos homens. Apenas a teimosa Esperança foi contida a tempo, ficando presa nas bordas da jarra (Brandão, 1992, p. 234).

Que o mito da caixa de Pandora nos acompanhe em nossa reflexão, pois a nenhum de nós escapa a curiosidade em tudo saber e poder dominar o mundo.

É com esse propósito que o autor nos adverte desde as primeiras linhas acerca de sua luta contra a curiosidade em querer saber toda a verdade, muito embora sem renunciar completamente a ela.

Antes de mais nada e para começar, felicito o analista – "guardião de enigmas" – por ter resistido à curiosidade e não ter aberto a "caixa de Pandora". Considero a condução que deu ao processo psicanalítico de seu paciente exemplar.

> *A primeira coisa que me levou a refletir mais detidamente sobre esse paciente foi minha necessidade de verificar, junto a conhecidos que trabalham com informática e telecomunicação, se um determinado uso do celular, relatado por ele na primeira sessão, era viável tecnicamente.*

Para além de se certificar dos limites entre realidade e delírio, há algo de feminino nas provocações que seu paciente lhe faz, mas isso discutiremos mais adiante.

Por ora o que nos interessa é que o arguto analista percebe que o processo se instala ali onde existe alguma coisa sobre a qual ele não deveria se interessar. E faz uso disso em suas primeiras interpretações: *a incompatibilidade entre a manutenção do namoro e a convicção do paciente sobre a infidelidade da namorada, somada à sua declarada intolerância à traição.*

Diante da insistência do paciente em confirmar as suspeitas das gravações, e percebendo ali algo que extrapolava os limites de um namoro, o analista sugere chamar o *pen drive* com as evidências do crime de "o tesouro".

> *Preso, explicava meu paciente, tanto no sentido de ouvi-lo muitas vezes ao dia, retornando inúmeras vezes aos trechos que considerava mais reveladores, quanto no sentido de fazer várias cópias do mesmo arquivo, para armazená-las em diferentes locais, temendo sempre que alguém, sua namorada, por exemplo, tentasse destruir "seu tesouro", denominação introduzida por mim, ao interromper um desses relatos queixosos, no fim de uma sessão.*

Ao destacar esses movimentos, pretendo valorizar a paciência e delicadeza com que o analista vai construindo as condições mínimas necessárias para o estabelecimento de um campo transferencial onde as associações possam encontrar seus deslizamentos, sem que para isso o próprio analista tenha que intervir na qualidade de testemunha, como outros tantos o fizeram sem que nem ao longe as dúvidas de seu paciente fossem arranhadas. Dizer "tesouro" significa apontar ali naquelas gravações mais do que poderia estar contido nelas, criando uma zona de hesitação fundamental para equivocar as certezas da dúvida obsessiva. Como se o analista lhe dissesse: "Há no que você me conta mais do que você gostaria de saber".

Essa hesitação rende seus primeiros frutos diante das fantasias que o paciente faz sobre um dos encontros de sua namorada, o que permite que o analista lhe interprete: "*Já que você não tem a gravação dessa cena e não pode reproduzi-la centenas de vezes, quem sabe você se contenta com suas fantasias?*".

Considero essas equivocações fundamentais diante dos impasses em que a neurose obsessiva nos aprisiona. Encerrado no dilema "você concorda ou discorda de mim?", que divide e organiza o mundo de seu paciente, o analista procura formas de sobreviver ao que, deste modo, não tem saída.

Ou, como diria Freud em *Construções em psicanálise* (1937/1976): "cara, eu ganho; coroa, você perde", ou seja, não há como escapar. Algo de mim eu perco nesta operação, e assim trata-se de criar as condições para a instalação de uma processualidade que permita suportar a aceitação de que não há como escapar a esta perda.

A escolha, como na *Odisseia*, de Homero, será entre perder uma parte ou perder tudo. Não nos apressemos na aparente obviedade do que há para ser escolhido. Muitos de nós preferiríamos perder tudo.

Nossa questão será sob que condições esse processo de velar e desvelar, de abrir e fechar, se instala. Esse me parece o viés que o material clínico apresentado nos oferece. Como suportar a incerteza, a aceitação de não poder saber toda a verdade?

Como já disse anteriormente (Calmon du Pin e Almeida, 2013), não nos surpreende mais que a clínica psicanalítica se apoie na especificidade de uma escuta que se empenha em se abrir aos muitos sentidos. Se muitos, se tantos, se em excesso, ao siderar entre tantos, nada fixa e ficamos impedidos de escutar; se apenas um, nos crispa e cristaliza, paralisa o jogo, a brincadeira, e se torna insuportável ouvi-lo. Uma escuta que se define pelo constante abrir e fechar para os sentidos.

Do mesmo modo, função materna e paterna se combinam e se complementam.

Christian Delourmel (2013) cita J. L. Donnet em seu relatório para o 73º Congresso dos Psicanalistas de Língua Francesa (CPLF), *De la fonction du père au principe paternel*: "o pai sempre *esteve presente* e, se ele vem em 'segundo lugar', é sempre numa temporalidade *après-coup*".

Pela mesma razão, estou de acordo com François Villa (2013) quando afirma em seu relatório para o mesmo congresso: "Defenderei a ideia de que, no começo, há necessariamente pai e mãe. Os dois primeiros processos, o da identificação e o do investimento libidinal de objeto, cumprem-se numa contemporaneidade que impossibilita a sua distinção cronológica".

Se a função materna tem por finalidade fixar a pulsão em sua excessiva possibilidade, a função paterna tem por objetivo fixar o pêndulo de modo a permitir e estabelecer o movimento de báscula, em que o abrir e fechar se alternam e torna possível abrigar em seu interior o estranho.

Já se foi o tempo em que a pretensão de uma verdade secreta escondida nas dobras das palavras, ou, ainda, por debaixo delas, jazia à espera de seu decifrador. Os sentidos da interpretação são construções produzidas no interior da relação psicanalítica pela obediência da regra fundamental.

O estranho que inclui e interroga, que abriga, exclui e deixa escapar, que compreende e reconduz a pergunta para outros lugares. Em toda a sua dimensão paradoxal, esse estranho encarna a função paterna.

Por muito tempo, restringimos nossa concepção de interpretar àquela de propor um nível de desvelamento simbólico do material manifesto, fosse sonho, sintoma ou qualquer outra formação de compromisso.

Foram as exigências dos casos-limite, para usar a concepção de André Green, que nos confrontaram com outras dimensões da interpretação. Como interpretar um símbolo que não chegou a se constituir como tal? Quais as operações implicadas nesse processo de constituição? Quais as precondições para uma interpretação?

A partir de então, a função de interpretar sofre uma violenta torção e nos obriga a considerar questões de sensações, de ritmos, principalmente ritmos, como sendo fundamentais para construir um solo comum onde um mesmo acontecimento possa ser compartido. A todas essas operações de construção de um solo comum passamos a considerar como pertencendo à função materna da interpretação.

Na apresentação de *Os olhos da alma*, de Jean-Claude Rolland (2016), destaquei a perspectiva que o autor toma em suas reflexões, não poupando sequer a psicanálise de sua crítica. Sabendo da ofuscação que todo o foco de interesse causa e traz consigo, mais ou menos intensamente, Rolland adverte para o viés que o psicanalista toma quando em contato com seu paciente. Viés gerador de cristalizações, em que a urgência da dor que nos é trazida por nossos pacientes consequentemente nos impede e inibe a liberdade para algumas aventuras e considerações que fugiriam à finalidade da consulta.

Por isso em seu trabalho há um diálogo tenso e muito rico entre a psicopatologia e a literatura. Jean-Claude Rolland encontra na literatura um lugar privilegiado para essa aventura em virtude de um certo descompromisso do autor e do leitor.

O interesse na abordagem literária da afecção psicótica reside, justamente, em nos autorizar um pouco mais de distância e de achatamento.

Isso implica dizer que, ao assim proceder, a literatura nos permite um afastamento do imperativo do intervir e do tratar tudo o que se nos apresenta, deixando livre para reflexão outros campos de visão.

Eu o cito:

> *Não tendo mais de cuidar daquele que lemos e livres do papel de cuidador que nos é atribuído pela nossa pertença à comunidade, então nos é permitido fazer jus à razão do seu autor, tolerar a vontade implacável que organiza essa lógica de destino e compreender a sua recusa em escapar à nossa influência. O desvio pelo estudo literário é, assim, suscetível de enriquecer o estudo clínico; ele nos permite restituir nesse último um fato que, nele, não é diretamente legível.* (Rolland, 2016, p. 223).

Por outro lado, não lhe escapa também à crítica que – de novo –, ao assim proceder, obscurece o que nossos pacientes esperariam obter de seus psicanalistas. Pois se por um lado Jean-Claude Rolland se refere à função da poesia e da literatura como condição para melhor poder suportar a posição de psicanalistas face à psicose (ao que eu acrescentaria às patologias do vazio, compulsões, psicossomatoses...), por outro, reconhece que enriquecemos mais a teoria psicanalítica com o que conhecemos da psicose do que enriquecemos aos psicóticos com o que aprendemos com eles sobre eles. Eu o cito: "a teoria psicanalítica, como escrevi noutro momento [Rolland, 2006], enriqueceu-se mais com a exploração da psicose do que esta tirou proveito do seu método (Rolland, 2016, p. 127).

"*Guarda aí pra mim na sua nuvem*", assim se despede o paciente de seu analista. O pedido traz duas afirmações importantes: o analista tem uma nuvem que o permite experimentar dúvidas, hesitações e incertezas sem enlouquecer, e em seguida que ela seja capaz de guardar, como fiel depositário, o que não coube "*em mim*".

Nuvem remete à capacidade de armazenar os pedaços de experiências que não se revelam por inteiro e logo criar narrativas, ligá-las para não enlouquecer.

E o que será que não coube nele, levando-o a pedir que o analista guarde em sua nuvem? Nesse ponto retomo as indagações que o analista faz a si mesmo assim como as provocações de caráter feminino que o paciente lhe dirige, que apontei no início do meu comentário. Seu investimento amoroso sobre o analista carrega dentro de si este viés homossexual que somente por meio do humor encontra condições para se expressar, velando e desvelando simultaneamente sua posição feminina frente ao analista. Por essa razão sou levado a concordar com as reflexões que o autor faz ao término da apresentação de seu material clínico sobre a dimensão homossexual do paciente ter sido deixada um tanto de lado.

> *A dimensão homossexual desse amor pelo pai nunca foi explicitada nem por ele nem por mim, embora tenha se manifestado na transferência por meio de pequenas brincadeiras e piadas em que eu e o pai éramos comparados e colocados no lugar de quem o "sacaneava" ou era "sacaneado" por ele.*

Com o desabafo de sua decepção com seu pai, "*ele fudeu tudo*", essa posição feminina se revela e se intensifica e, talvez, seja a isto que o paciente se refira ao pedir ao analista que guarde em sua nuvem para ele.

Quero agradecer aos editores da *Percurso* a oportunidade do diálogo e mais uma vez felicitar o analista por seu vigoroso trabalho.

Referências

Brandão, J. de S. (1992). *Dicionário mítico-etimológico* (Vol. 2). Petrópolis: Vozes.

Calmon du Pin e Almeida, M. (2013). *A função paterna da interpretação*. Apresentado no 73º Congrès des Psychanalystes de Langue Française (CPFL), Paris.

Delourmel, C. (2013). De la fonction du père au principe paternel. *Revue Française de Psychanalyse, 77*(5), pp. 1283-1353.

Freud, S. (1976). Construções em psicanálise. In S. Freud, *Edição Standard Brasileira das Obras Psicológicas Completas de Sigmund Freud* (Vol. 23). Rio de Janeiro: Imago. (Trabalho original publicado em 1937)

Rolland, J.-C. (2016). *Os olhos da alma*. São Paulo: Blucher.

Rolland, J.-C. (2006). Sorcellerie de l'image. In J.-C. Rolland, *Avant d'être celui qui parle*. Paris: Gallimard.

Villa, F. (2013). Le père: un héritage archaïque? *Revue Française de Psychanalyse, 77*(5), pp. 1381-1452.

Comentário de Lucía Barbero Fuks

Os debates clínicos propostos pela revista *Percurso* enriquecem nossa prática, pela possibilidade de pensar as situações diversas que os pacientes trazem ao consultório, e com as quais em geral temos que nos haver em solidão. Nesta proposta de trabalho se estabelece, de certa maneira, um diálogo com alguém desconhecido, em uma tentativa conjunta de entender o que acontece por meio de um recorte da relação psicanalítica. Uma relação na qual, inevitavelmente, está presente a transferência. Para nós, convidados ao debate, essa transferência é esquiva. Por um lado, podemos pensar com maior isenção; por outro, temos que considerar a modalidade de trabalho de cada um e os tempos em que o analista se sente convocado a interpretar.

Entrando já no material em questão, o trabalho se inicia em clima de desconfiança, suscitando algumas perguntas inevitáveis. É possível fazer esse tipo de registro do material que o paciente traz? E que consequências isso poderia trazer ao futuro da relação analítica? O sigilo das sessões estaria mantido, ou acabaria por se turvar nesse processo?

Os ciúmes do paciente se dirigiam ao passado, como se ele quisesse se apropriar da vida toda da namorada e, simultaneamente, todos os amigos seriam competidores em potencial. Pergunto-me de partida se, quando ele "escolhe seu analista", não teria curiosidade em relação à vida dele, para conferir com que tipo de homem iria se relacionar. O caso é que no momento inicial ele precisava desabafar e encontrar um ouvido que pudesse acolher sua insegurança. Uma insegurança que se reflete também na falta de relatos de suas próprias relações sexuais. A satisfação se produziria no encontro dos corpos? Ou na fantasia de ser o vencedor em relação aos outros competidores? Por isso, apesar da incompatibilidade entre os dois, ele "não podia aceitar a traição", e a relação continuava.

Podemos dizer que vivemos numa cultura da representação, na qual é mais importante o que representamos para os outros do que o que realmente somos. Parecer é mais importante que ser, seria isso o que habilitaria o paciente a ter um lugar na relação com o outro. Neste caso em particular, compartilhar a escuta da gravação com os outros o levou a sentir-se obrigado a manter sua posição, sendo que a resolução desse conflito já não seria só dele, teria que prestar contas para os outros que também escutaram. Essa exigência passa a representar um papel de acordo com os valores dominantes da cultura à qual pertence.

Por outro lado, o paciente não exigiu do analista que escutasse a gravação. Isso me leva a pensar que, inconscientemente, ele queria ser decodificado; que, escutando mil vezes esse relato, o analista pudesse delimitar o que era que ele, paciente, realmente escutava e pensava em relação a isso. Não precisava resolver a questão rapidamente; precisava retirar a libido aos poucos dessa ferida aberta, como se faz num processo de luto, para chegar à conclusão final, de quem seria ele como homem. Minha impressão é de que o paciente tenta, pelas repetições dos relatos, se assegurar de que conta com a escuta do outro, o analista, apesar de não obter a reafirmação esperada.

Qual é a origem da teoria da infidelidade generalizada das mulheres? Na sequência do material escrito, novamente se apresenta a questão: por que é tão importante alcançar essa verdade? Outros aspectos de sua vida ficam de fora: o analista nunca vem a saber se ele se sente amado pela namorada, ou de que forma se sente amado, e como são as relações sexuais entre eles. Talvez se torne pertinente, então, a pergunta: a competição entre os homens seria, nesse cenário, um equivalente à traição entre as mulheres?

Quanto ao namoro, a noção definitiva dessa relação talvez seja o não reconhecimento do outro, porque o paciente tende a ignorar as afirmações contrárias da namorada, deixando que prevaleça sua própria hipótese. Essa incapacidade de reconhecimento da alteridade é sem dúvida um dos temas da atualidade. Rejeitar o outro implica não assumir que o outro é a base de nossas esperanças.

O outro é um gerador de Eros, permitindo uma racionalidade com paixão. A não existência do outro provoca, em contrapartida, o desaparecimento dos próprios desejos e necessidades. Eticamente, temos que dar conta do outro, temos que reconhecê-lo. É por isso que Eros se torna condição e possibilidade de acharmos a nós mesmos.

Para a psicanálise, o amor existe lado a lado com o ódio, ambos estão juntos. Temos que recuperar a capacidade de amar justamente nesse reconhecimento do outro. Freud sustenta que "o egoísmo nos preserva de adoecer, mas finalmente é preciso amar para não adoecer e, como consequência, se adoecerá se, por uma frustração, não se pôde amar" (Freud, 1914/2003, p. 80). A psicanálise tenta elaborar um saber sobre o amor e o desejo, já que a clínica psicanalítica se encontra em seu início com o amor de transferência.

Já no divã, atrevendo-se a associar e deixando que o tema dos ciúmes ocupe a totalidade de sua consciência e de sua atenção, a figura significativa que começa a ocupar a cena é a mãe. "A cumplicidade entre ela e a namorada dele sempre servia de introdução a uma série de comentários sobre as características da mãe, sobre o relacionamento dela com o marido, pai de meu paciente, e sobre a forma como ela se relacionava com ele, filho, desde criança."

Em *Três ensaios sobre a teoria da sexualidade* (1905/1980), Freud formula uma concepção do amor baseada no desenvolvimento psicossexual. O primeiro objeto de amor para o *infans* é a mãe. Na latência, a pulsão se divide num componente sexual que é vítima do recalque e a *ternura* que permanece consciente. Na puberdade, um novo objeto substitui o antigo e as duas correntes se reunificam. Também pode se produzir uma disjunção entre paixão e desejo.

Freud diz que o encontro com o objeto é, na realidade, um reencontro. Por isso, a forma como cada sujeito recebeu afeto, o lugar que ocupa na relação mãe-pai-filho, a relação com os objetos que lhe deram satisfação na infância, todos esses aspectos são muito importantes.

A eleição dos objetos de amor está marcada pelo objeto de amor primeiro: a relação com esse primeiro outro. Cada eleição de objeto vai ser uma tentativa de recriar aquelas aspirações ou expectativas infantis inconscientes que surgiram no passado e que ficaram recalcadas pela proibição do incesto. É a partir dessa falta que o amor tende a recuperar a ilusão de uma unidade. No desejo de ser *um*, o sujeito se ama no outro. O outro se constitui no ego ideal da onipotência narcísica infantil, como ocorre no amor-paixão. Sendo o outro perfeito não existe a possibilidade de perceber a castração. Por sua vez, na medida em que a paixão é uma gratificação narcísica, elude a própria castração.

No enamoramento, quem ama sente uma falta, mas uma falta necessária para poder amar. Essa falta não produz sofrimento, e sim exaltação. Quando amamos, o ego se empobrece em benefício do objeto, mas esse processo não produz dor porque o sujeito que ama se identifica narcisicamente com o objeto e participa de seu gozo. Por isso, a relação amorosa fracassa quando o processo cessa ou produz dor.

Mas, se o arcaico significa o encontro amoroso, a relação com o outro ressignifica essas relações e as libera da repetição. Esse seria o conflito entre repetição e criatividade enfrentado por toda relação de casal: identidade sustentada entre o ego ideal e a alteridade. É nesse ponto que aparece Eros como condição e possibilidade de nos acharmos.

Continuando com o relato clínico, vale dedicar um olhar ao "caráter obsessivo do ciúme que preponderava sobre os aspectos paranoicos". A partir disso, podemos considerar várias possibilidades.

Nos ciúmes deste paciente se reúnem elementos do luto, a dor pelo objeto perdido e pela ferida narcísica que teria provocado essa perda. A isso se acrescenta a hostilidade em relação aos supostos rivais. Mas temos que considerar a existência de outras determinações inconscientes. Eles retomariam as primeiras experiências de afetividade infantil, e remetem ao complexo de Édipo ou ao complexo dos irmãos do primeiro período sexual. Também podem ser vivenciados bissexualmente: além da dor pela possível perda da mulher amada e do ódio dirigido aos rivais masculinos, existiria um luto pelo homem a quem se ama inconscientemente, e um ódio direcionado à mulher que aparece como rival na relação ao homem.

Por outro lado, lembrando que o paciente falava da própria infidelidade praticada de fato, podemos atribuir os ciúmes pela infidelidade dela a um mecanismo de defesa centrado na projeção.

O que procuraria seria um alívio e até uma absolvição, por parte da consciência moral, projetando no outro seus próprios impulsos. Os ciúmes que têm essa origem, por projeção, podem chegar a ter um caráter quase delirante, podendo, entretanto, ser trabalhados psicanaliticamente quando se descobrem as fantasias inconscientes da própria infidelidade. Cabe se perguntar qual era a situação psíquica do paciente nesse aspecto: recalque do sentimento de culpa? Autorização ligada à presença de uma dupla moral burguesa?

Contudo, o caráter insistente, reiterativo e referido a uma cena do passado com seu amigo, a da blusa aberta, e o fato de que o analista opta por postergar o início do processo analítico pleno fazem pensar que este último queria descartar a hipótese de uma estruturação delirante que apontaria mais para a paranoia.

Quando o paciente aceita se deitar no divã, inicia-se uma nova etapa, tanto em relação a ele mesmo e sua possibilidade de se comunicar quanto na confiança em relação à escuta do analista, que já não precisaria ser tão vigiado por ele. É nesse contexto que vai surgindo a mãe, inicialmente na "aliança entre mulheres" – e nesse quesito ele estaria em desvantagem, porque em momento algum surgiu no relato algo similar que ele pudesse sentir em relação ao pai ou a algum amigo; os que escutam a gravação são mulheres. Apesar de ele também ter uma aliança com a mãe, em sua cumplicidade para ocultar coisas do pai, sua impressão era de que "na hora H" a mãe ficava do lado das mulheres, isto é, de sua namorada.

Passamos depois a um período da análise em que a sensação de ser traído pelos pais é oscilante. Ora ele se sente usado pela mãe para ocultar suas trapaças, ora se sente traído pelo pai, que não o coloca no lugar de um homem com o qual se poderia estabelecer uma aliança. Nesse sentido, é como se para os pais ele continuasse a ser o adolescente em pânico que não conseguiu aguentar o intercâmbio. Mas, nesse episódio da adolescência, somos levados a pensar no triunfo da mãe, quando o trouxe de volta reafirmando se tratar de uma síndrome neurológica, sem ter, aparentemente, tentado reanimá-lo para que recuperasse sua força e seu desejo de completar esse projeto.

Em oposição a essa viagem, se faz presente outra questão: a escassez de menções a sua vida profissional. Em que área ele se sente reafirmado em sua potência produtiva? Quem são seus colegas? Em quem ele poderia se sentir apoiado em seu crescimento, tanto na vida amorosa quanto no seu crescimento profissional?

As sequências a que vou me referindo levam a um final que traz uma repetição: sair de cena para poder terminar a relação afetiva, mas também, desta vez, se sentir apoiado pelas figuras masculinas (pai e analista) em vez de ser socorrido pelas mulheres.

Por que a memória teria que ficar com seu ex-analista? Essa pergunta é importante, porque assinala o possível início de um caminho de abertura para a compreensão de que nem sempre as verdades são absolutas, e de que ser guardião de um enigma é algo possível também para ele próprio.

Referências

Freud, S. (1980). Três ensaios sobre a teoria da sexualidade. In S. Freud, *Edição Standard Brasileira das Obras Psicológicas Completas de Sigmund Freud* (Vol. 7). Rio de Janeiro: Imago. (Trabalho original publicado em 1905)

Freud, S. (2003). Introducción del narcisismo. In S. Freud, *Obras completas*. Buenos Aires: Amorrortu. (Trabalho original publicado em 1914)

Sobre os autores

Para que o leitor tenha uma visão do conjunto dos participantes dos *Debates clínicos*, segue uma lista deles com suas filiações institucionais, dispostos na sequência em que seus textos foram publicados na revista. Perguntamos a todos se gostariam de declarar suas afinidades teóricas, o que foi respondido por alguns.

Sérgio Telles – Psiquiatra e psicanalista, membro do Departamento de Psicanálise do Instituto Sedes Sapientiae, onde coordena o grupo "Psicanálise e Cultura" e faz parte do corpo editorial da revista *Percurso*. Membro da Associação Brasileira de Psicanálise de Família e Casal e da Associação Internacional de Psicanálise de Família e Casal. Foi professor e supervisor do Curso de Psicopatologia e Psicoterapia Psicanalíticas do Instituto Sedes Sapientiae, atualmente denominado Formação em Psicanálise.

Autor de *Mergulhador de Acapulco – Contos* (Imago, 1992), *Fragmentos clínicos de Psicanálise* (Casa do Psicólogo, 2003), *O psicanalista vai ao cinema* – volumes 1, 2 e 3 (Casa do Psicólogo e Zagodoni, 2004 a 2016), *Visita às casas de Freud e outras viagens* (Casa do Psicólogo, 2006), *Peixe de bicicleta* (EdUFSCar, 2002 – Prêmio APCA), *Mistura fina – Contos, crônicas, poesia* (Casa do Psicólogo, 2004), *O avesso do cotidiano* (Zagodoni, 2014) e *Posto de observação* (Blucher, 2017), além de artigos publicados em livros, revistas especializadas e na grande imprensa. Como autores de referência cita Freud, Melanie Klein, Rosenfeld, Laplanche.

Carlos Guillermo Bigliani – Psiquiatra e psicanalista, membro da Asociación Psicoanalítica de Buenos Aires (APdeBA) da IPA. Foi professor da Universidade de Buenos Aires (Faculdade de Medicina e Psicologia), da PUC-SP (Psicologia e Terapia Familiar), foi cofundador e professor do Curso de Psicanálise do Instituto Sedes Sapientiae de São Paulo, coautor de *Freud, a cultura judaica e a modernidade* (Senac, 2003 – Prêmio Jabuti) e de *Humilhação e vergonha* (Zagodoni, 2011).

Elias Mallet da Rocha Barros – Analista didata da Sociedade Brasileira de Psicanálise de São Paulo. *Fellow* da British Psychoanalytical Society e do British Institute of Psychoanalysis. Detentor do Sigourney Award em 1999, da Mary Sigourney Trust (Estados Unidos). Foi por treze anos editor do *International Journal of Psychoanalysis*, presidente do Committee on Analytic Practice and Scientific Activities e copresidente para a América Latina do *Dicionário enciclopédico de psicanálise*, organizado pela IPA. É autor de artigos publicados no *International Journal of Psychoanalysis*. Diz: "Não me sinto afiliado a nenhuma escola corrente. Consideraria minha abordagem transmatricial, para usar um termo de Luís

Claudio Figueiredo. Autores: Freud, Klein, Bion, Ogden, André Green, Pierre Fédida, Betty Joseph, John Steiner, H. Rosenfeld".

Elizabeth Lima da Rocha Barros – Analista didata da Sociedade Brasileira de Psicanálise de São Paulo, foi copresidente do Congresso da International Association of Psychoanalysis (IPA), em Praga, em 2013. Autora de artigos publicados no *International Journal of Psychoanalysis*.

Mario Eduardo da Costa Pereira – Psicanalista e psiquiatra. Professor titular de Psicopatologia Clínica e ex-diretor do Laboratoire de Psychopathologie Clinique et Psychanalyse da Aix-Marseille Université (França). Professor livre-docente em Psicopatologia do Departamento de Psiquiatria da Faculdade de Ciências Médicas da Unicamp, onde dirige o Laboratório de Psicopatologia: Sujeito e Singularidade (LaPSuS). Diretor do Núcleo de São Paulo do Corpo Freudiano – Escola de Psicanálise. Membro do Departamento de Psicanálise do Instituto Sedes Sapientiae de São Paulo e membro da Associação Universitária de Pesquisas em Psicopatologia Fundamental.

Alcimar Alves de Souza Lima – Médico psiquiatra e psicanalista, professor do curso de Psicanálise do Instituto Sedes Sapientiae, com formação psicanalítica neste mesmo instituto. Autor dos livros *Pulsões, uma orquestração psicanalítica entre o corpo e o objeto* (Vozes, 1995), *Acontecimento e linguagem – Ensaios sobre psicanálise e complexidade* (Casa do Psicólogo, 2011), *Escola como desejo e movimento* (Cortez, 2015) – em coautoria com Esméria Rovai, *Casa das coisas – Micropoemas* (J.A. Cursino, 2015), *Paisagens interiores – Micropoemas* (Vernacular, 2017). Foi supervisor regional nos Ambulatórios de Saúde Mental durante quinze anos. Tem publicações em diversas revistas e livros da área psicanalítica. Participou como pintor de aquarelas em exposições individuais e coletivas.

Marion Minerbo – Psicanalista e analista didata da Sociedade Brasileira de Psicanálise de São Paulo. Doutora pela Unifesp. Autora de artigos e livros, dentre os quais *Diálogos sobre a clínica psicanalítica* (Blucher). "Os autores que mais me ajudam na clínica são Green e Roussillon. Partindo de uma sólida base freudiana, e integrando o aporte de Klein, Bion e Winnicott, ambos aprofundaram o estudo do traumático e seus efeitos na constituição do eu. Tenho duas linhas de pesquisa teórico-clínica. A primeira é sobre o sofrimento neurótico e não neurótico, sua determinação inconsciente, e suas manifestações no campo transferencial-contratransferencial. A segunda é sobre as formas de ser e de sofrer consubstanciais à miséria simbólica pós-moderna. Dedico-me também à análise das várias figuras do atual mal-estar na civilização no meu blog *Loucuras cotidianas*".

David Léo Levisky – Psiquiatra. Didata da Sociedade Brasileira de Psicanálise de São Paulo, especialização na infância e adolescência. PhD em História Social (USP). Livros: *Adolescência – Reflexões psicanalíticas* (Casa do Psicólogo, 1998); *Adolescência e violência: consequências da realidade brasileira* (Casa do Psicólogo, 2000); *Pelos caminhos da violência – A psicanálise na prática social* (Casa do Psicólogo, 1998); *Adolescência e violência: ações comunitárias na prevenção* (Casa do Psicólogo, 2001); *Um monge no divã* (Casa do Psicólogo, 2007); *Entre elos perdidos* (Imago, 2011); *A vida?... é logo ali* (Blucher, 2018). "Minha formação teve início na Escola Paulista de Medicina da Unifesp. Minha introdução à psicanálise foi na França, no Centre Alfred Binet, de orientação eminentemente freudiana. Minha formação psicanalítica ocorreu na Sociedade Brasileira de Psicanálise de São Paulo, ligada à IPA.

Identifico-me com os pensamentos de Freud, Klein e Winnicott. Naveguei por Bion, cujos ensinamentos, a meu ver, permeiam os conhecimentos dos três autores iniciais. Hoje, posso dizer que sigo a psicanálise leviskyana, uma síntese de tudo o que tenho estudado, vivido em minhas análises pessoais, supervisões e, especialmente, o que tenho aprendido com meus pacientes, sem me rotular pertencente a esta ou àquela escola. Vejo a teoria da sexualidade como a excitabilidade que caracteriza a vida, as relações, os vínculos e tudo aquilo que, incorporado, se inscreve como vivência amorosa e agressiva, às vezes de vida e de morte, em uma busca constante entre não integração, integração, destruição e fragmentação e criatividade na busca de caminhos em confronto com descaminhos. Tudo isso é importante para a construção do *self*, da identidade. Conjunção que depende do equipamento, do investimento e da cultura dentro de um processo histórico do sujeito em sua relação com o meio e vice-versa."

Christian Dunker – É psicanalista e professor titular do Departamento de Psicologia Clínica do Instituto de Psicologia da USP. Fez sua formação na Biblioteca Freudiana, Escrita Freudiana e Fórum do Campo Lacaniano, onde hoje é analista membro de escola (AME). Trabalha e pesquisa com psicanálise de orientação lacaniana com ênfase em suas relações com a filosofia e as ciências da linguagem. Publicou *Por que Lacan* (Zagodoni, 2016), *Estrutura e constituição da clínica psicanalítica* (Annablume, 2011) e *Mal-estar, sofrimento e sintoma* (Boitempo, 2015). Coordena o Laboratório de Teoria Social, Filosofia e Psicanálise da USP.

Flávio Carvalho Ferraz – Psicólogo pelo Instituto de Psicologia da USP (1986), onde também obteve os graus de mestre (1993), doutor (1999) e livre-docente (2003). Realizou também o pós-doutoramento na PUC-SP (1999-2000). Concluiu o Curso de

Psicanálise do Instituto Sedes Sapientiae em 1991, tornando-se desde então membro do Departamento de Psicanálise do mesmo instituto. Foi professor fundador do Curso de Psicossomática do Instituto Sedes Sapientiae (1993 a 2000), onde também é, desde 1997, professor e supervisor do Curso de Psicanálise. É autor de diversos livros, entre os quais *Perversão* (Casa do Psicólogo, 2000), *Andarilhos da imaginação* (Casa do Psicólogo, 2000) e *Normopatia* (Casa do Psicólogo, 2003). É também coorganizador de diversas coletâneas, entre as quais a série Psicossoma (Casa do Psicólogo). Fora do campo da psicanálise, publicou os livros *Cama de campanha*, de poesia (Ateliê Editorial, 2006), e *A culinária do Rio de Janeiro* (Metalivros, 2017). Por força de sua formação e também de opção pessoal, é analista freudiano com interesse na produção de todas as escolas psicanalíticas.

Luiz Carlos Uchôa Junqueira Filho – Médico (Faculdade de Medicina da USP), membro da Associação Brasileira de Psiquiatria, membro efetivo e analista didata da Sociedade Brasileira de Psicanálise de São Paulo (SBPSP), da qual foi presidente. Professor do Instituto da SBPSP. Organizador dos Encontros Bienais da SBPSP e editor das publicações correspondentes. Autor de *Sismos e acomodações: A clínica psicanalítica como usina de idéias* (Rosari, 2003) e *Dante e Virgílio: o resgate na selva escura* (Blucher, 2017). Tradutor de diversos livros e artigos de psicanálise e coautor de livros sobre a obra de Wilfred Bion. Tem como filiações teóricas mais significativas: Freud, Klein, Bion e Meg H. Williams.

Luís Claudio Figueiredo – Psicanalista, professor aposentado do Instituto de Psicologia da USP e professor da pós-graduação em Psicologia Clínica da PUC-SP; é membro efetivo do Círculo Psicanalítico do Rio de Janeiro; tem vários livros e artigos na área da psicanálise publicados no Brasil e no exterior; trabalha seguindo as tradições freudo-kleinianas, levando especialmente em conta a obra de Wilfred Bion, e a tradição ferencziana, como se expressa, em especial, nos pensamentos de Michael Balint e Donald Winnicott; acompanha com interesse pensadores da psicanálise atual pós-escolas, particularmente André Green, Thomas Ogden, René Roussillon, Anne Alvarez e Christopher Bollas, entre outros, a quem situa no campo da *psicanálise trasmatricial*, um amplo espectro de analistas caracterizados como tal por articularem, de diferentes maneiras, os pensamentos de Bion e Winnicott. Esse é o tema de seu último livro, em coautoria com Nelson Coelho Junior: *As matrizes do adoecimento psíquico e estratégias de cura* (Blucher, 2018).

Silvia Leonor Alonso – Psicanalista, membro do Departamento de Psicanálise do Instituto Sedes Sapientiae desde sua fundação. Professora e supervisora do Curso de Psicanálise, no mesmo Instituto. Delegada pelo Departamento de Psicanálise na Federação Latino-Americana de Associações de Psicoterapia Psicanalítica e Psicanálise (FLAPPSIP). Coordenadora do grupo de pesquisa "O feminino e o imaginário cultural contemporâneo" desde 1997. Integrou o grupo fundador da revista *Percurso* e fez parte do primeiro conselho editorial. Foi coordenadora e professora da área de Psicanálise no Curso *Lato Sensu* de Formação em Psicoterapia da PUC-SP até 1980. Foi integrante da equipe docente da Escola de Psicologia Freudiana e Socioanálise (EPSO) em Buenos Aires e lecionou na Universidad Nacional de Buenos Aires (UNBA). Autora do livro *Histeria* (Casa do Psicólogo, 2004), em parceria com Mario Pablo Fuks, e do livro *O tempo, a escuta e o feminino* (Casa do Psicólogo, 2011). Co-organizadora dos livros *Freud: um ciclo de leituras* (Escuta, 1997), *Figuras clínicas do feminino no mal-estar contemporâneo* (Escuta, 2002), *Interlocuções sobre o feminino na clínica, na teoria, na cultura* (Escuta, 2008), *Psicanálise em trabalho* (Escuta, 2012) e *Corpos, sexualidades, diversidade* (Escuta, 2016).

Rodolfo Moguillansky – Psiquiatra e psicanalista, membro titular da Asociación Psicoanalítica de Buenos Aires (APdeBA), *full member* da IPA, membro da Federación Española de Asociaciones de Psicoterapeutas (FEAP). Professor em instituições psicanalíticas argentinas e de outros países. É autor de mais de 150 artigos, pelos quais recebeu vários e importantes prêmios. "Não sou afeito às filiações. Nos começos da profissão tive proximidade com a escola inglesa (Klein, Bion). Nos últimos anos voltei a Freud. Interessa-me a obra de Laplanche e Aulagnier".

Isabel Mainetti de Vilutis – Psicanalista, membro do Departamento de Psicanálise do Instituto Sedes Sapientiae. Autora de *Ecos da clínica* (Casa do Psicólogo, 2013).

Bernardo Tanis – Psicanalista. Membro efetivo da SBPSP e docente do Instituto de Psicanálise. Editor da *Revista Brasileira de Psicanálise* (2010-2014). Membro dos Departamentos de Psicanálise e Psicanálise da Criança do Instituto Sedes Sapientiae. Autor de livros e artigos em diferentes publicações.

Paulo de Carvalho Ribeiro – Médico, psicanalista, doutor em psicanálise e psicopatologia pela Universidade Paris-7 sob a orientação de Jean Laplanche (1988-1992) e professor do Programa de Pós-Graduação em Psicologia da UFMG. Participante das *Journées Laplanche*, mantidas pela Fundação Laplanche, vinculada ao Institut de France.

Miguel Calmon du Pin e Almeida – Psicanalista, membro efetivo da Sociedade Brasileira de Psicanálise do Rio de Janeiro, da qual foi presidente no biênio 2015-2016. Sua maior afinidade permanece em Freud.

Lucía Barbero Fuks – Médica. Psicanalista. Membro do Departamento de Psicanálise do Instituto Sedes Sapientiae. Professora do Curso de Psicanálise e Coordenadora do Curso Clínica Psicanalítica: Conflito e Sintoma daquela instituição. Autora de *Narcisismo e vínculos* (Casa do Psicólogo, 2008). Co-organizadora e coautora de *A clínica conta histórias* (Escuta, 2000), *Desafios para a psicanálise contemporânea* (Escuta, 2003), *O sintoma e suas faces* (Escuta, 2006) e *Psicanálise em trabalho* (Escuta, 2012).